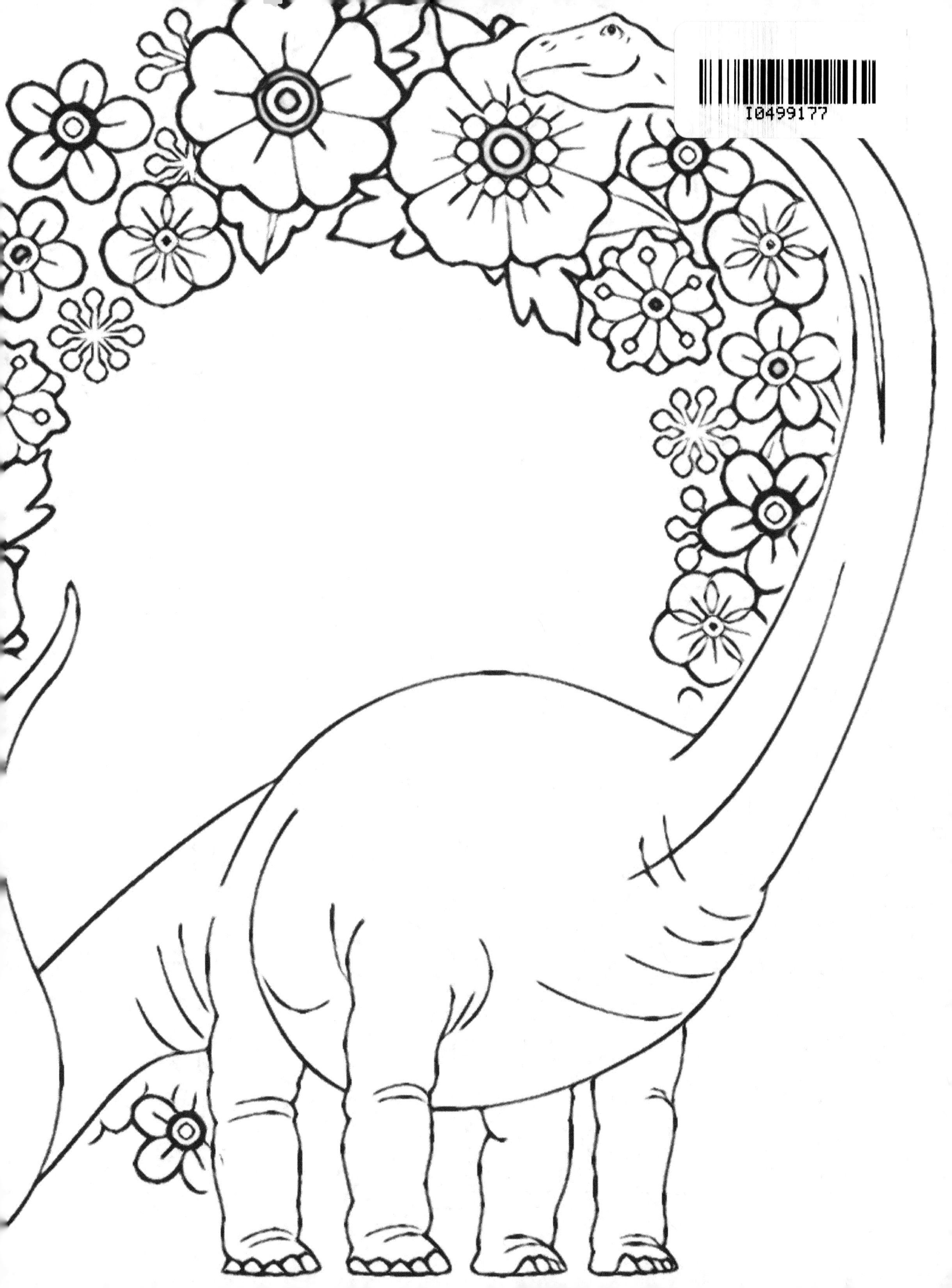

I0499177

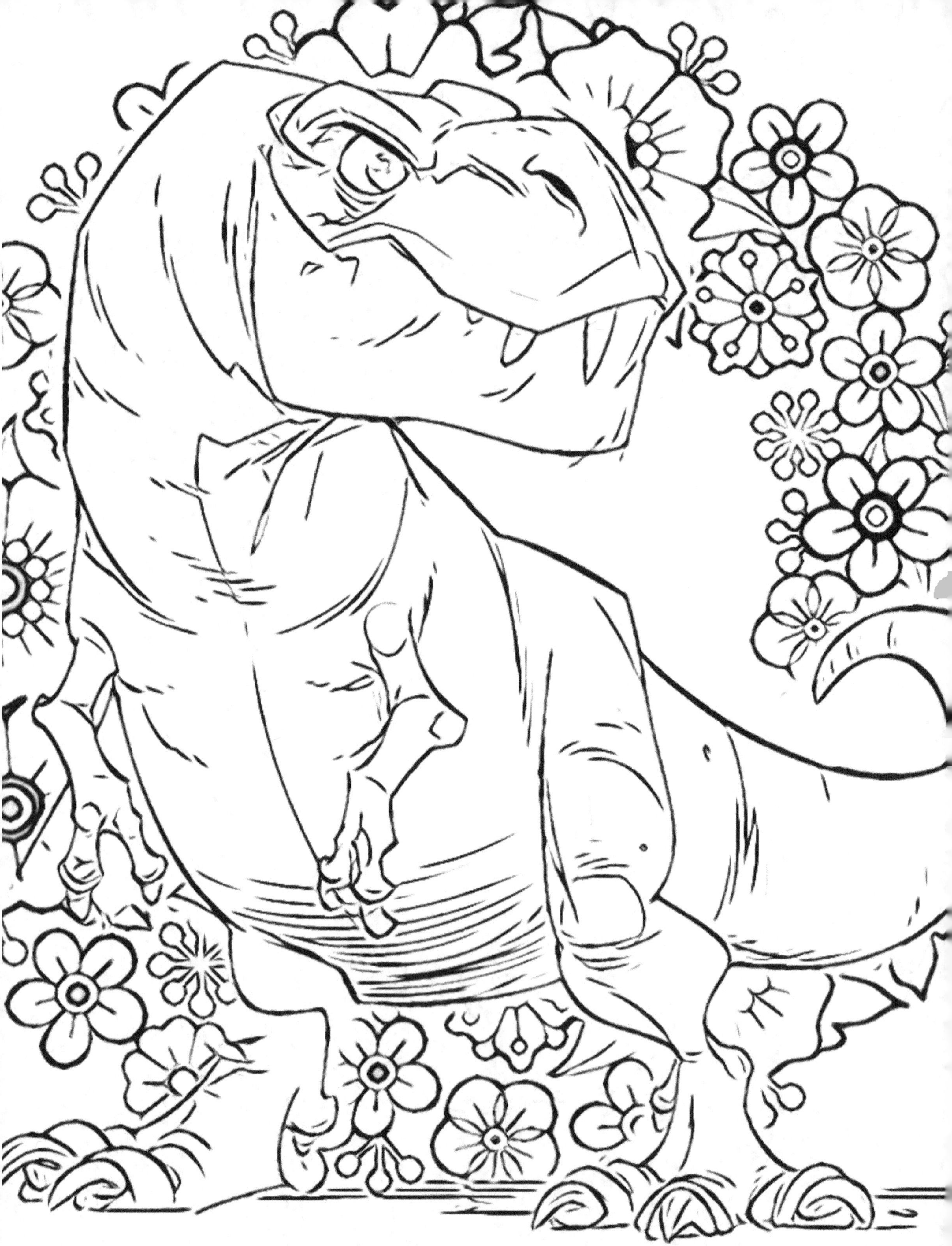

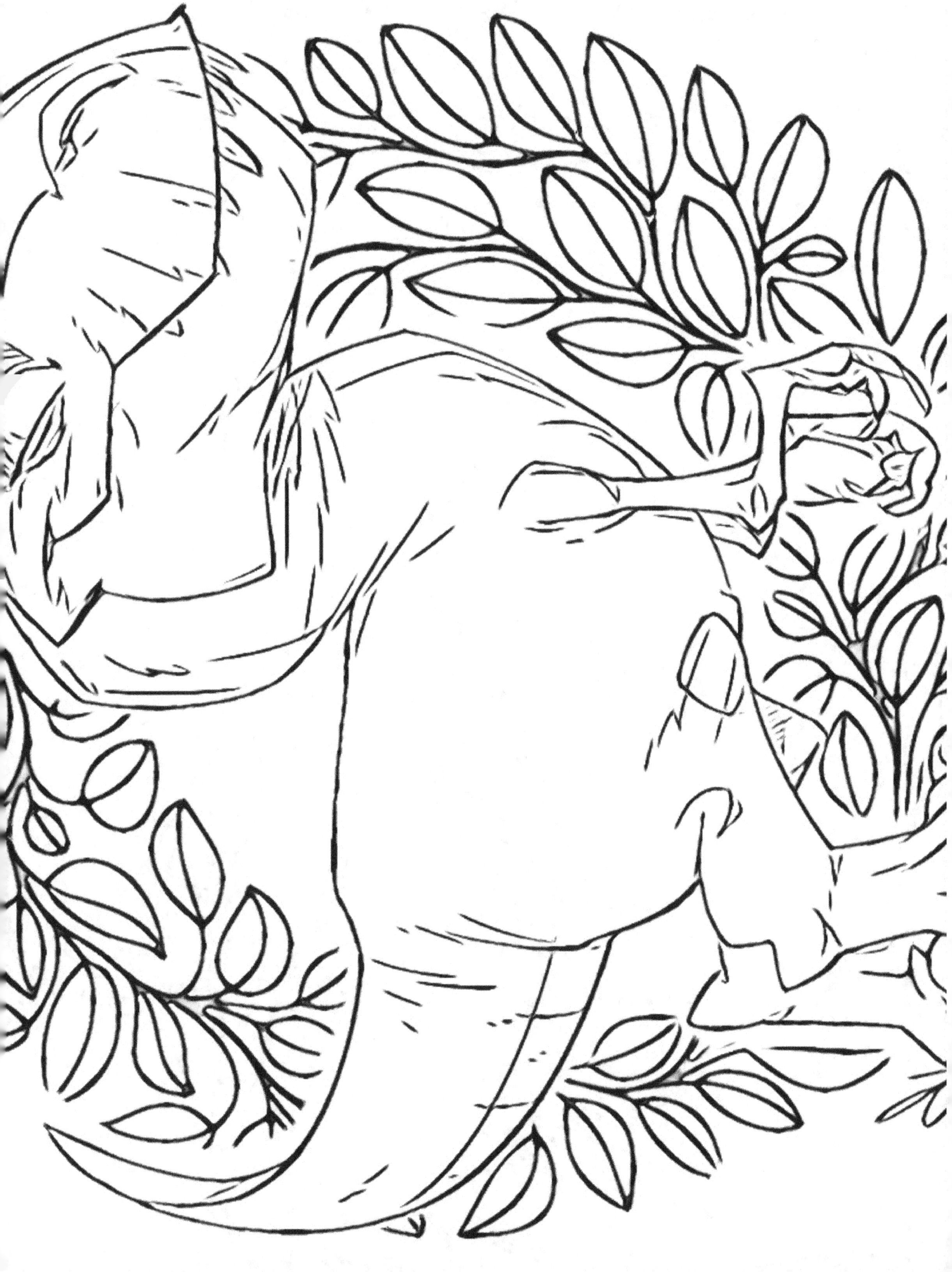

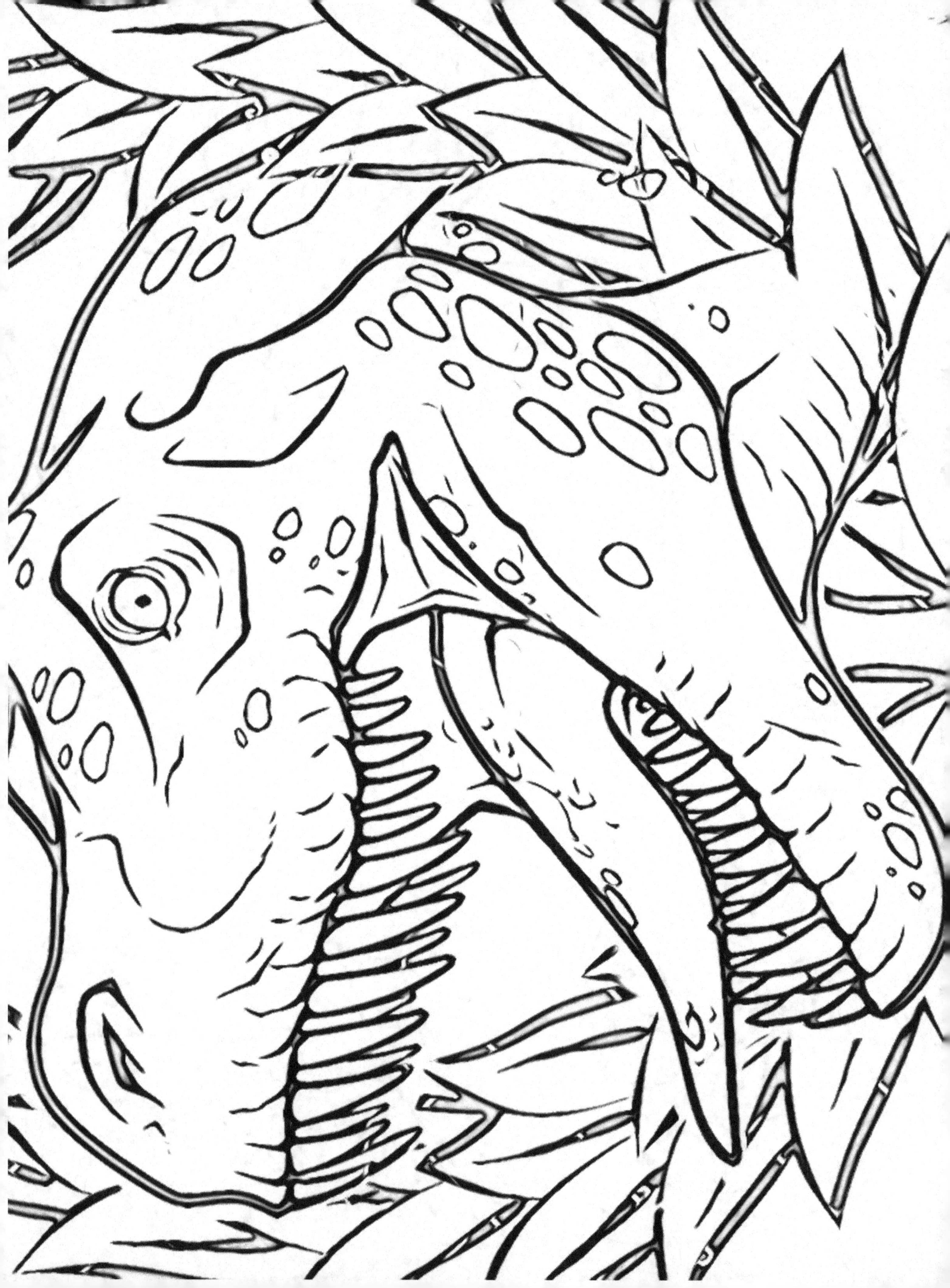

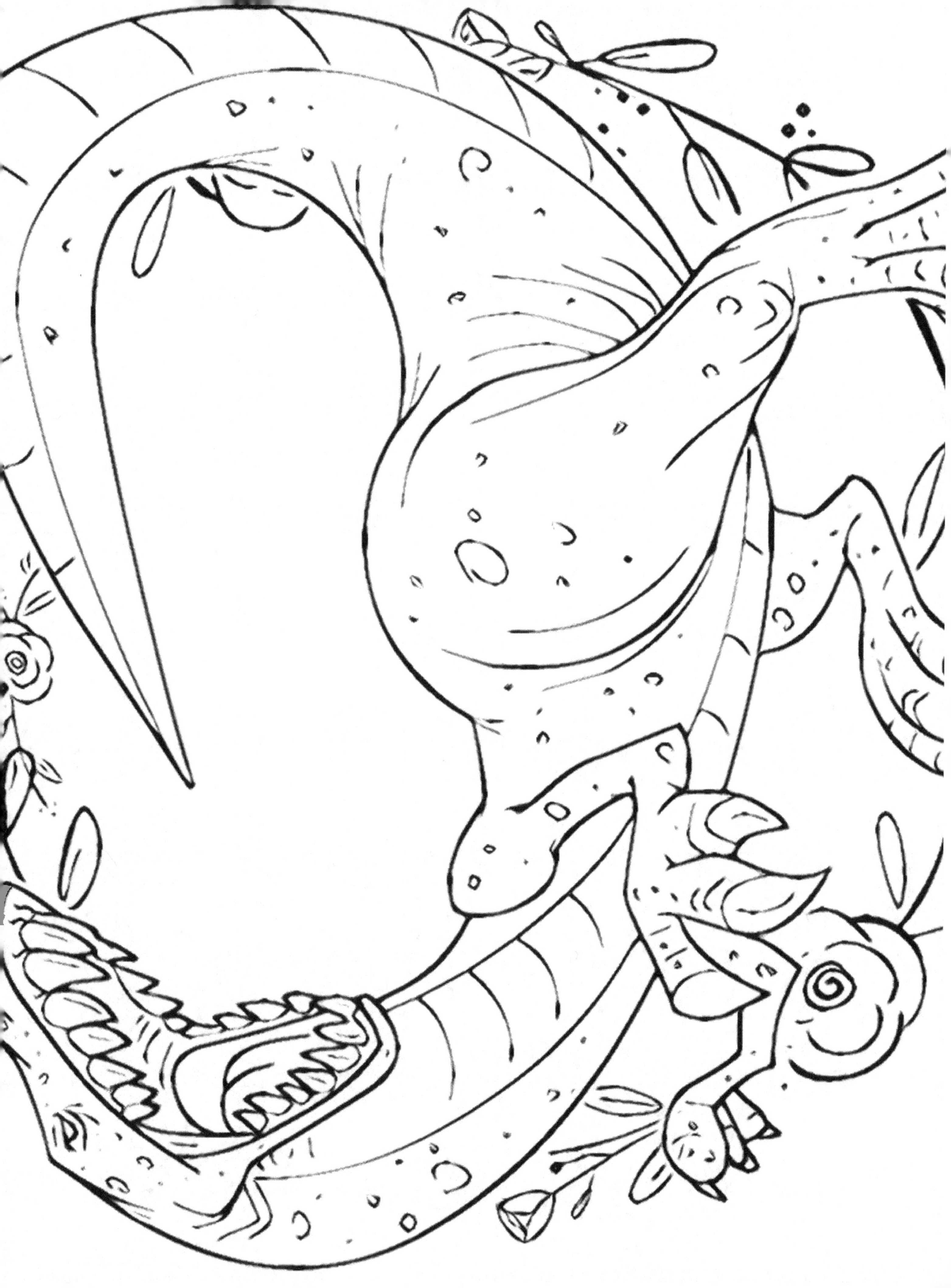

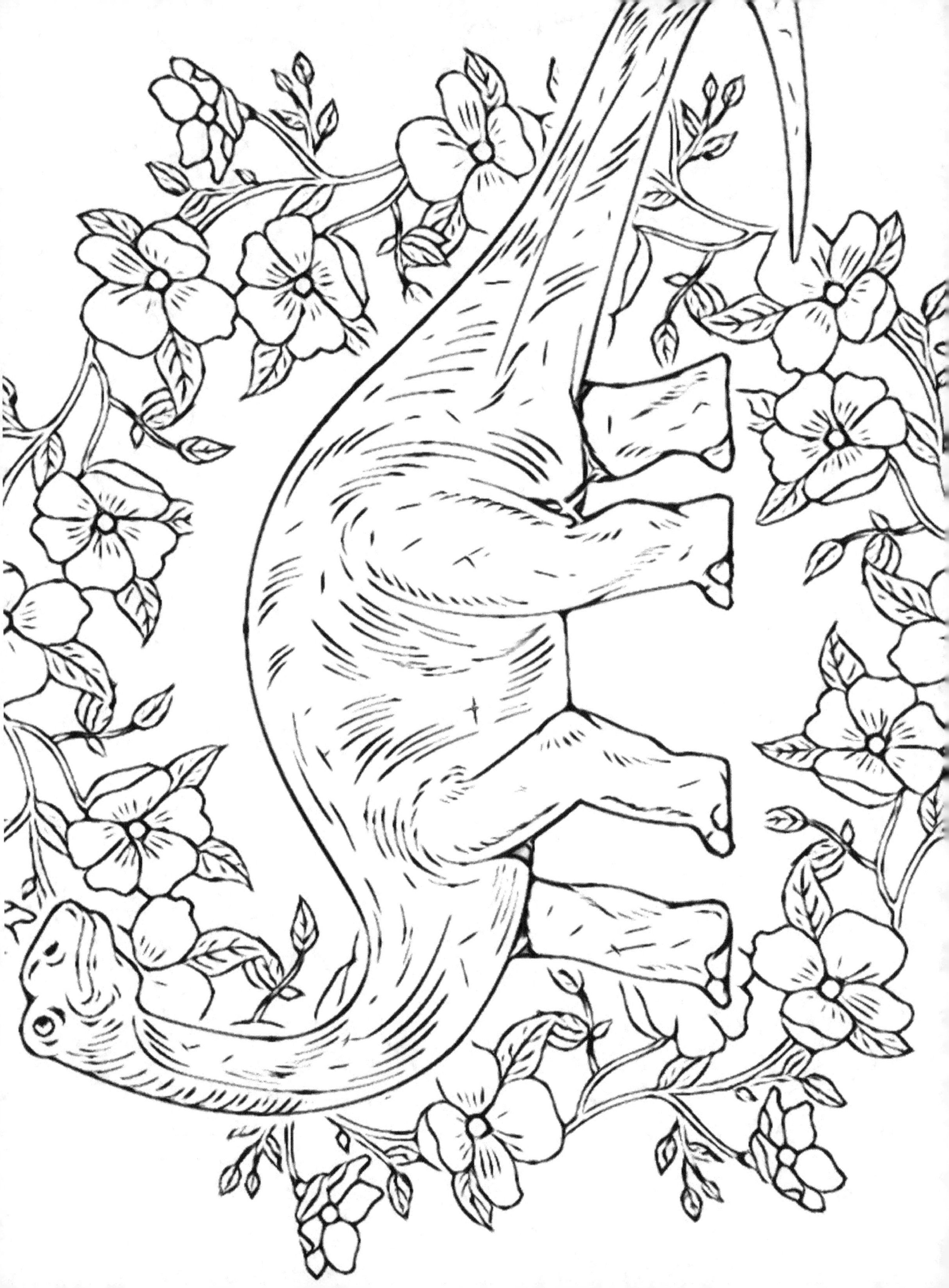

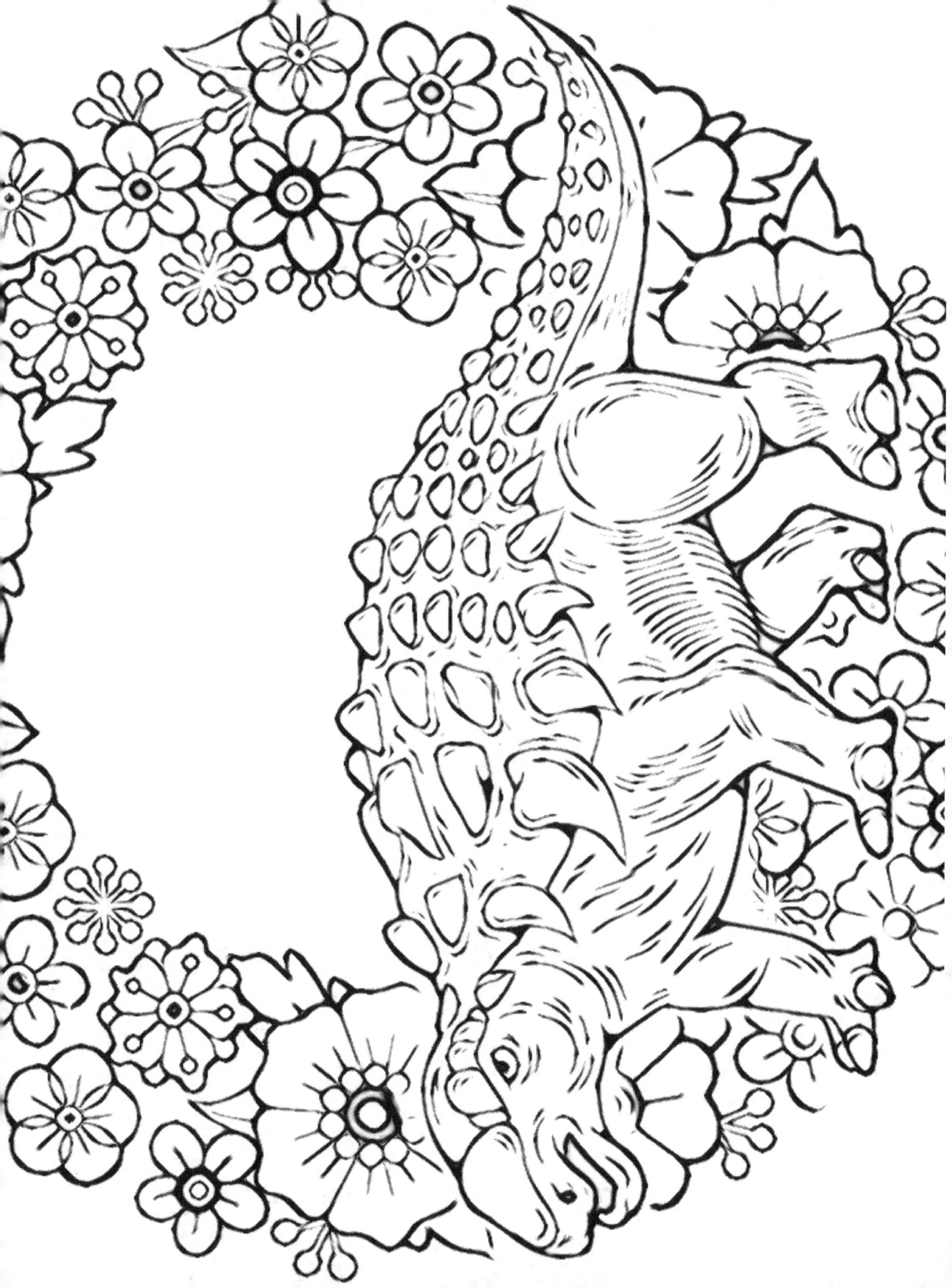

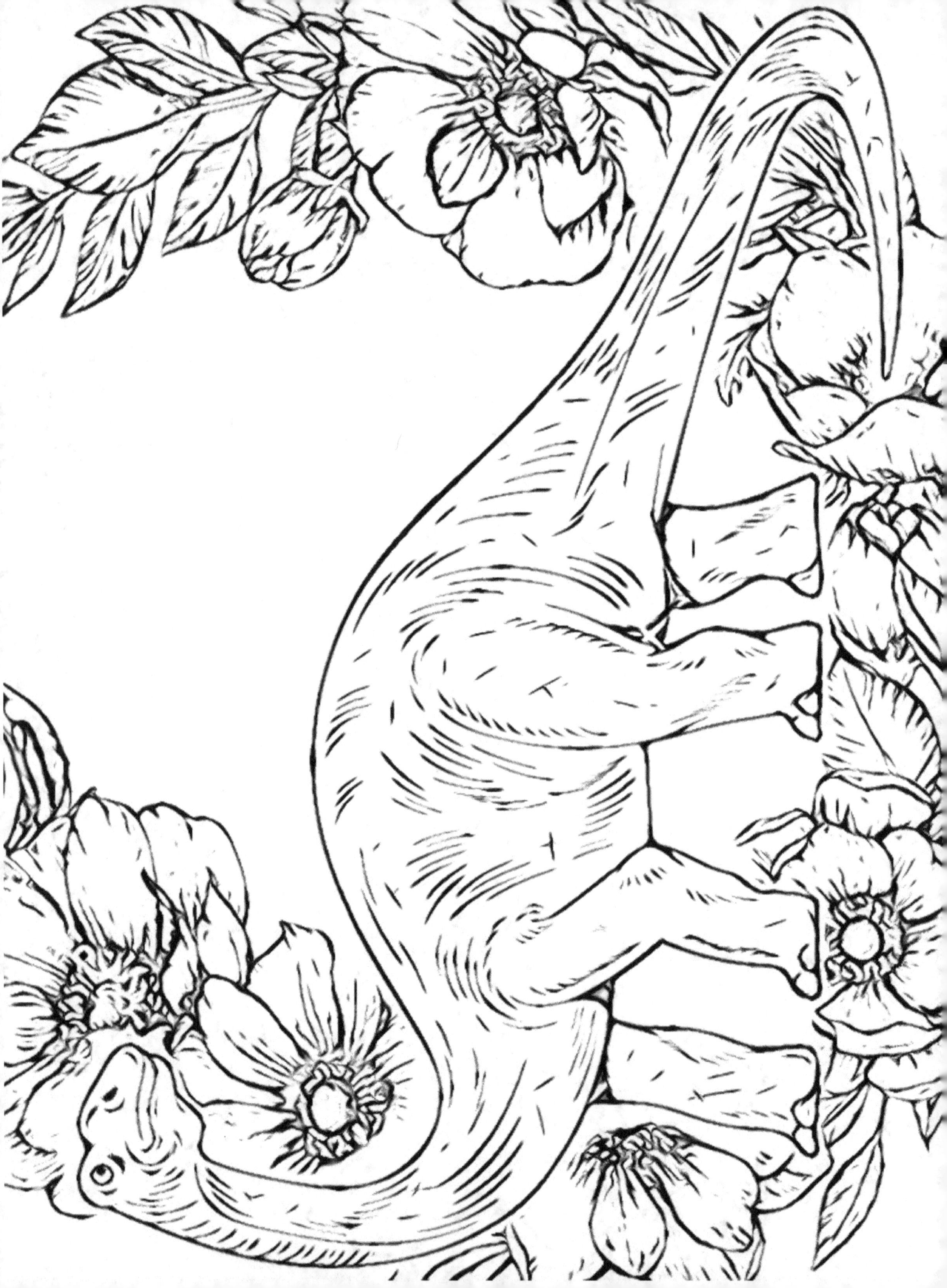

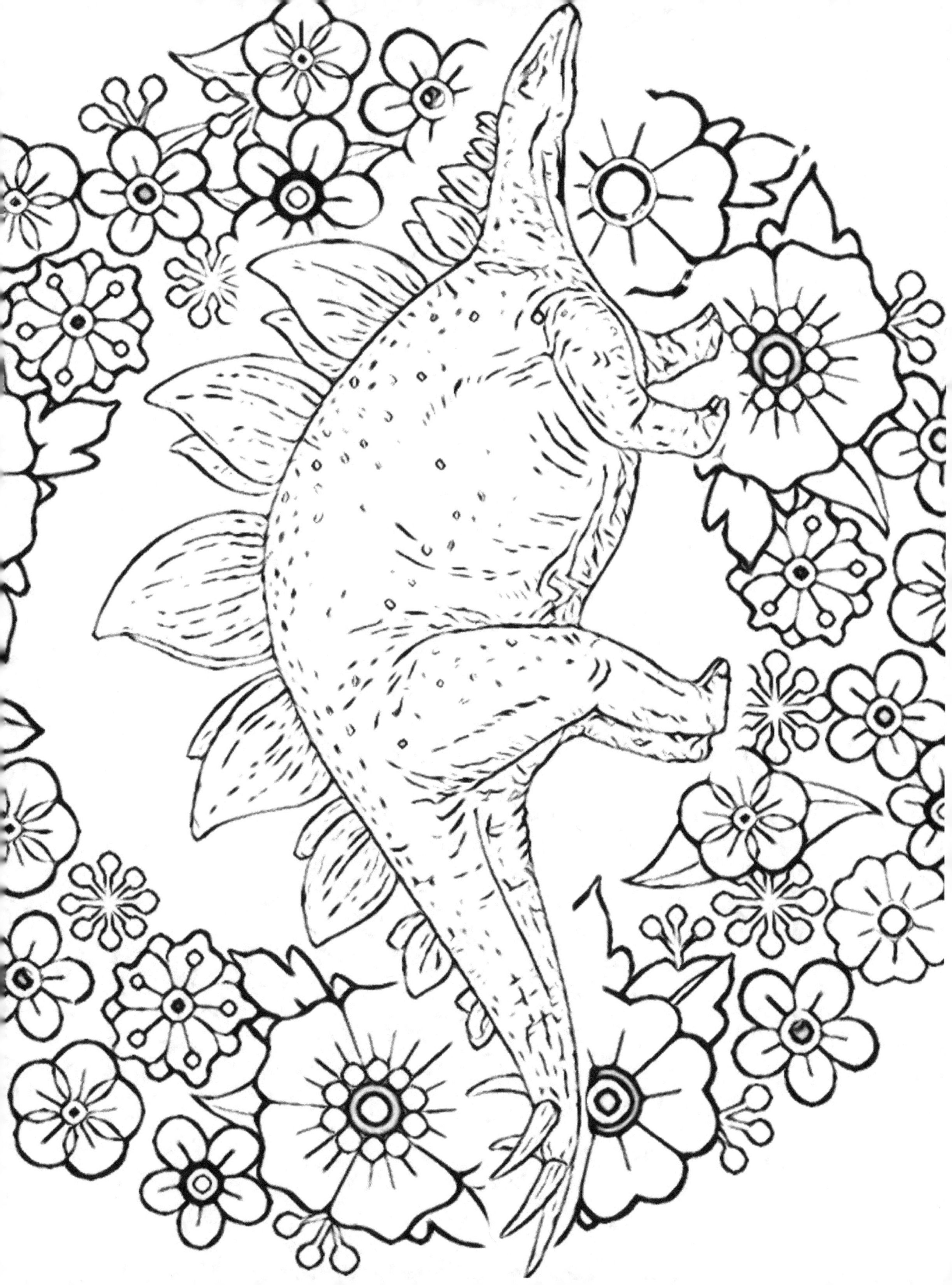

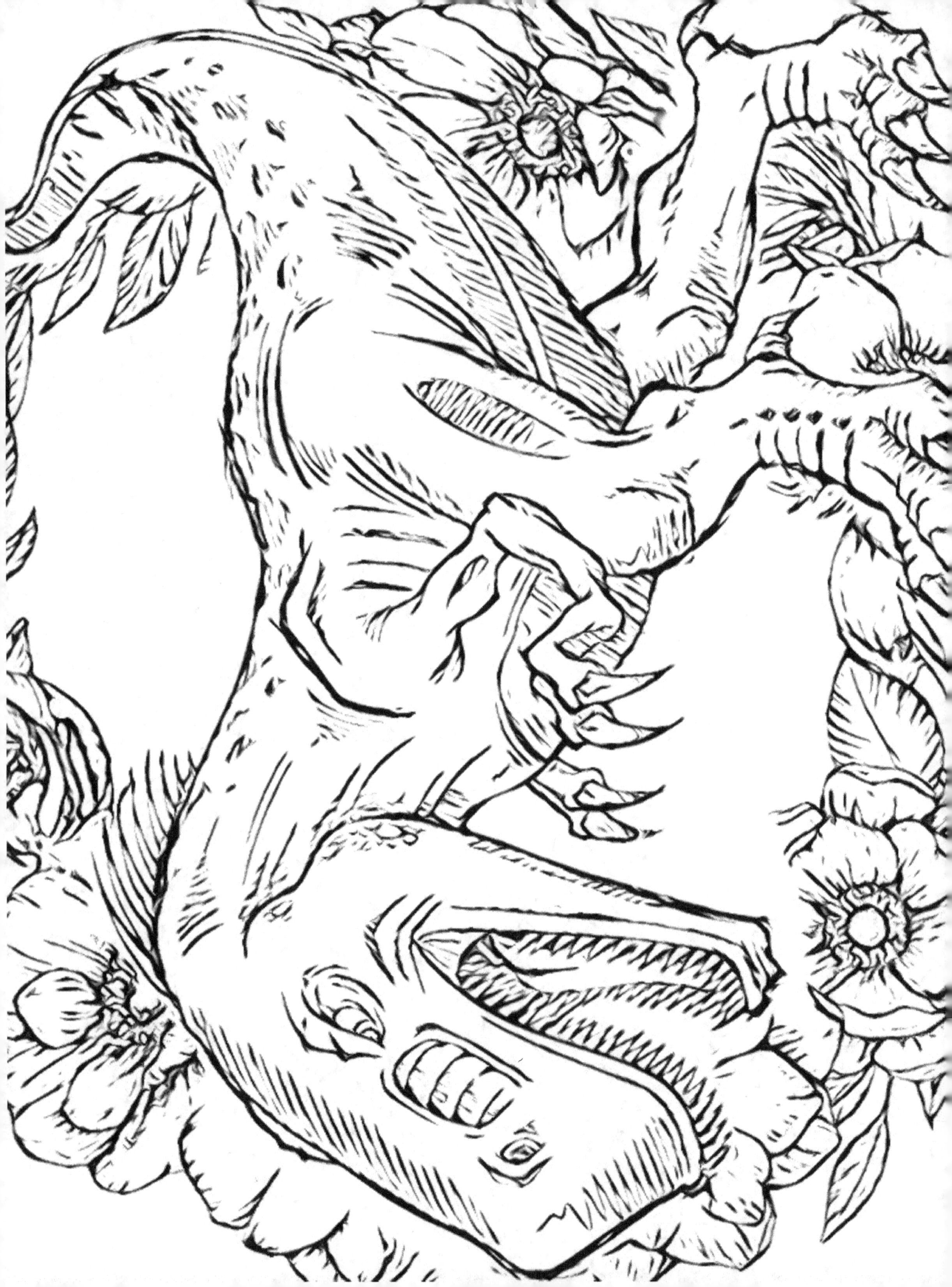

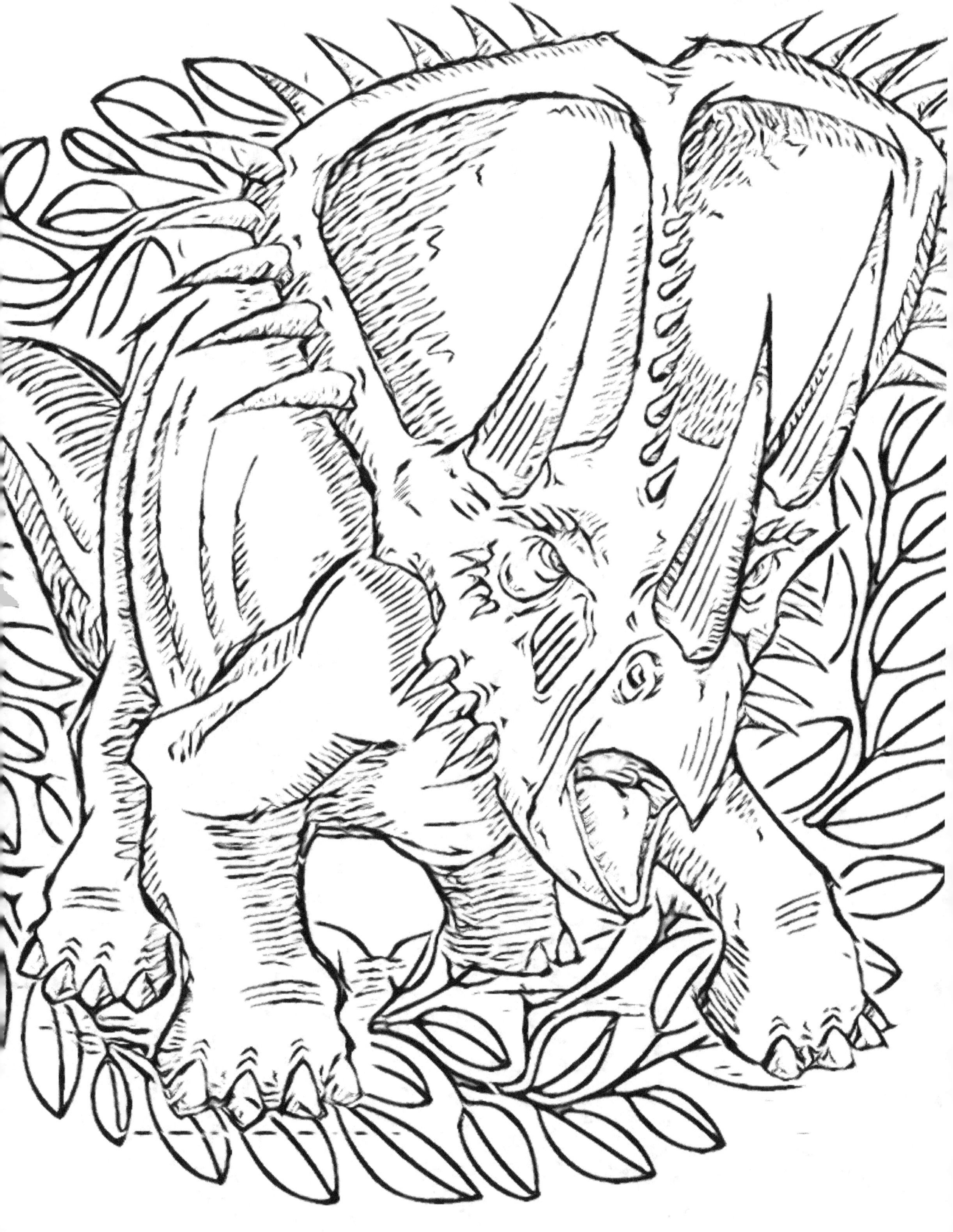

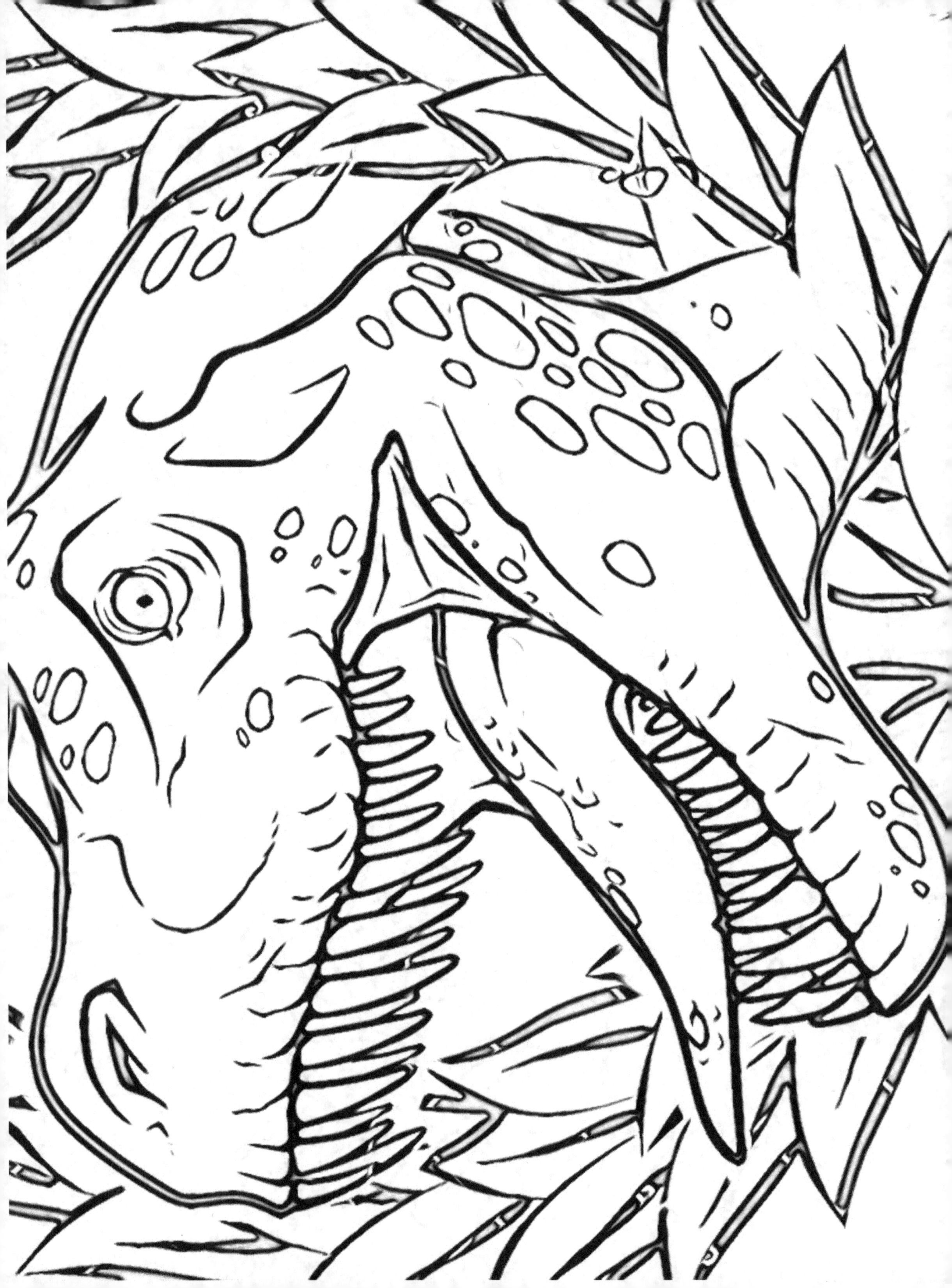

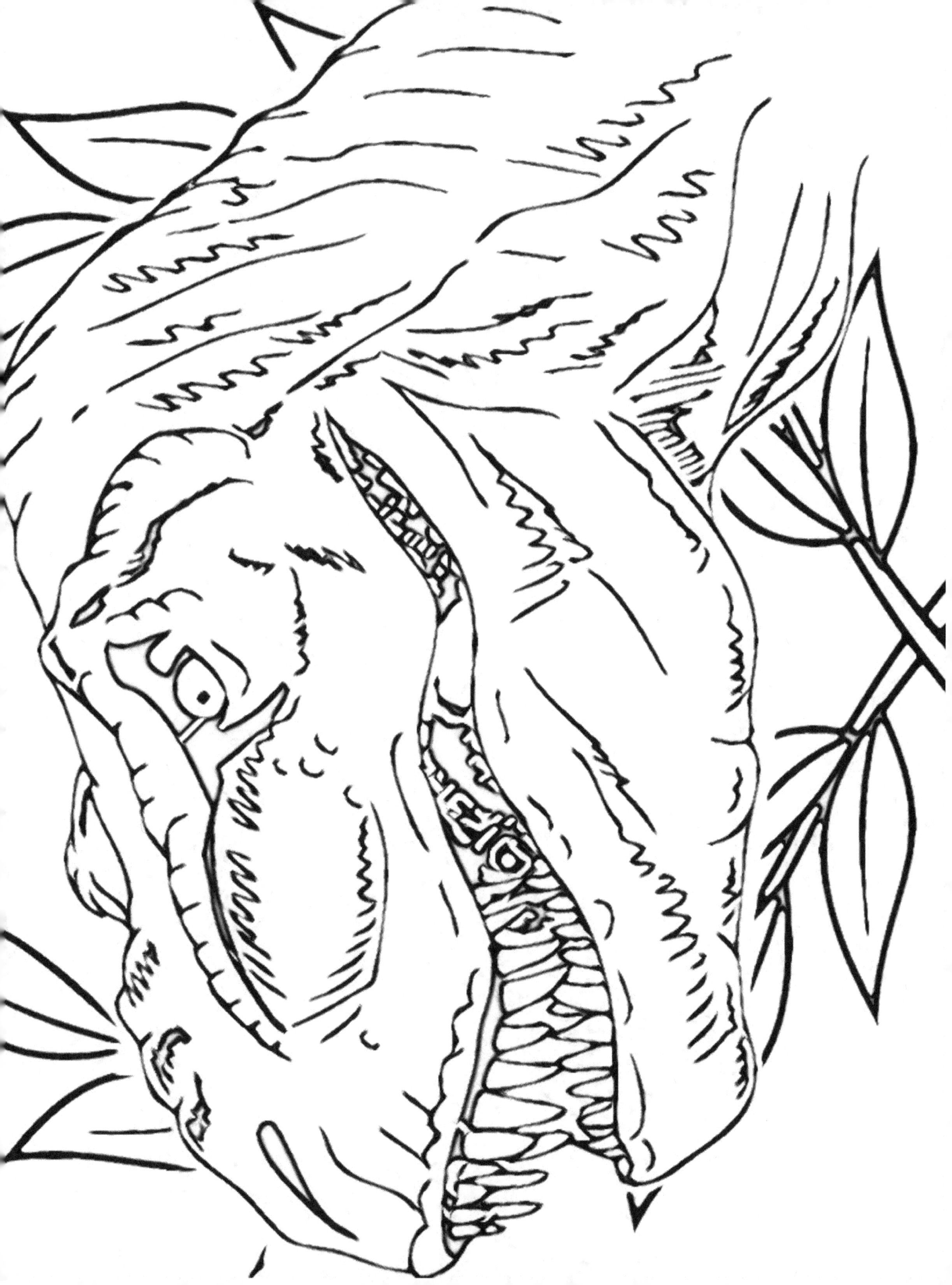

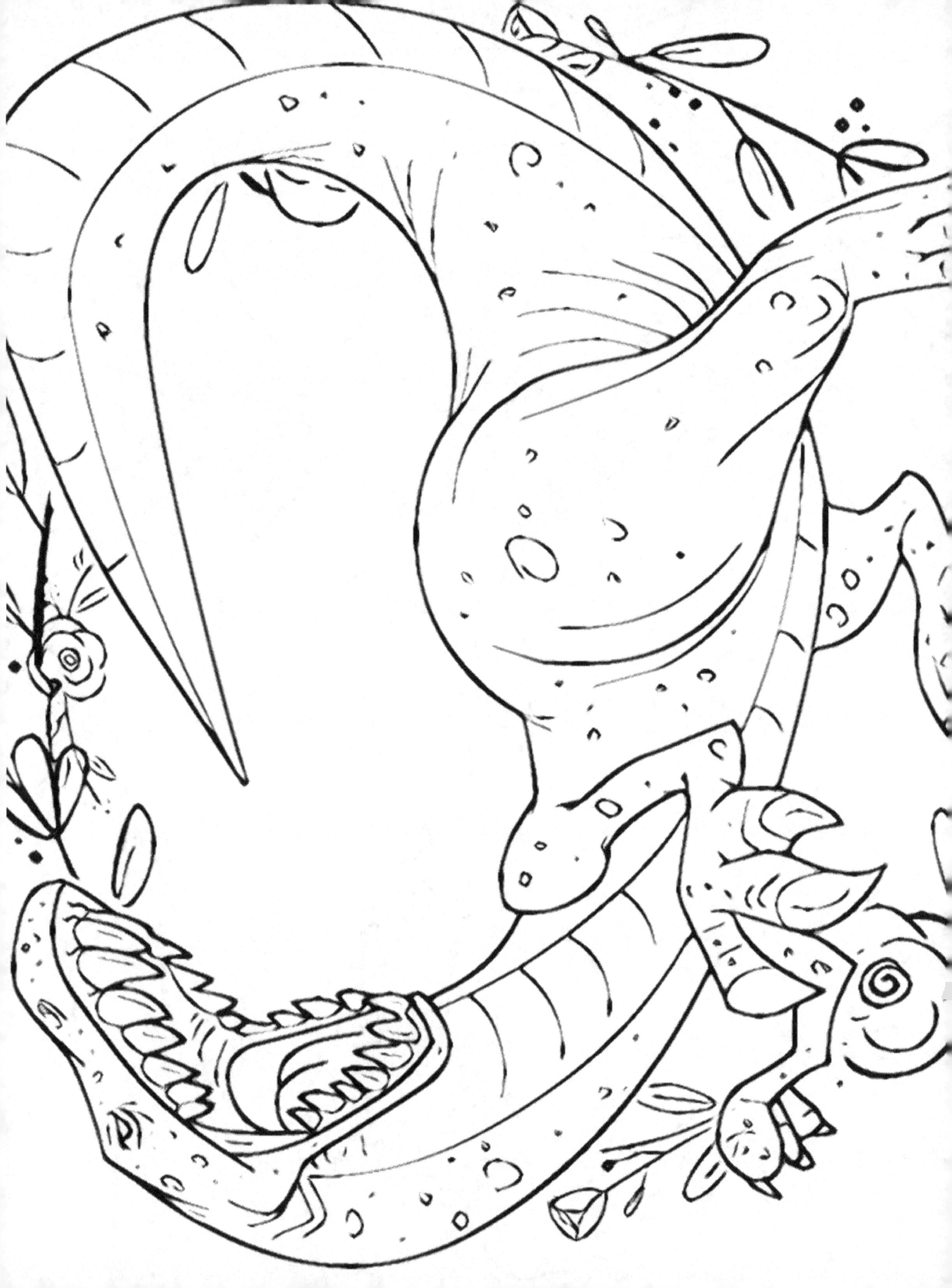

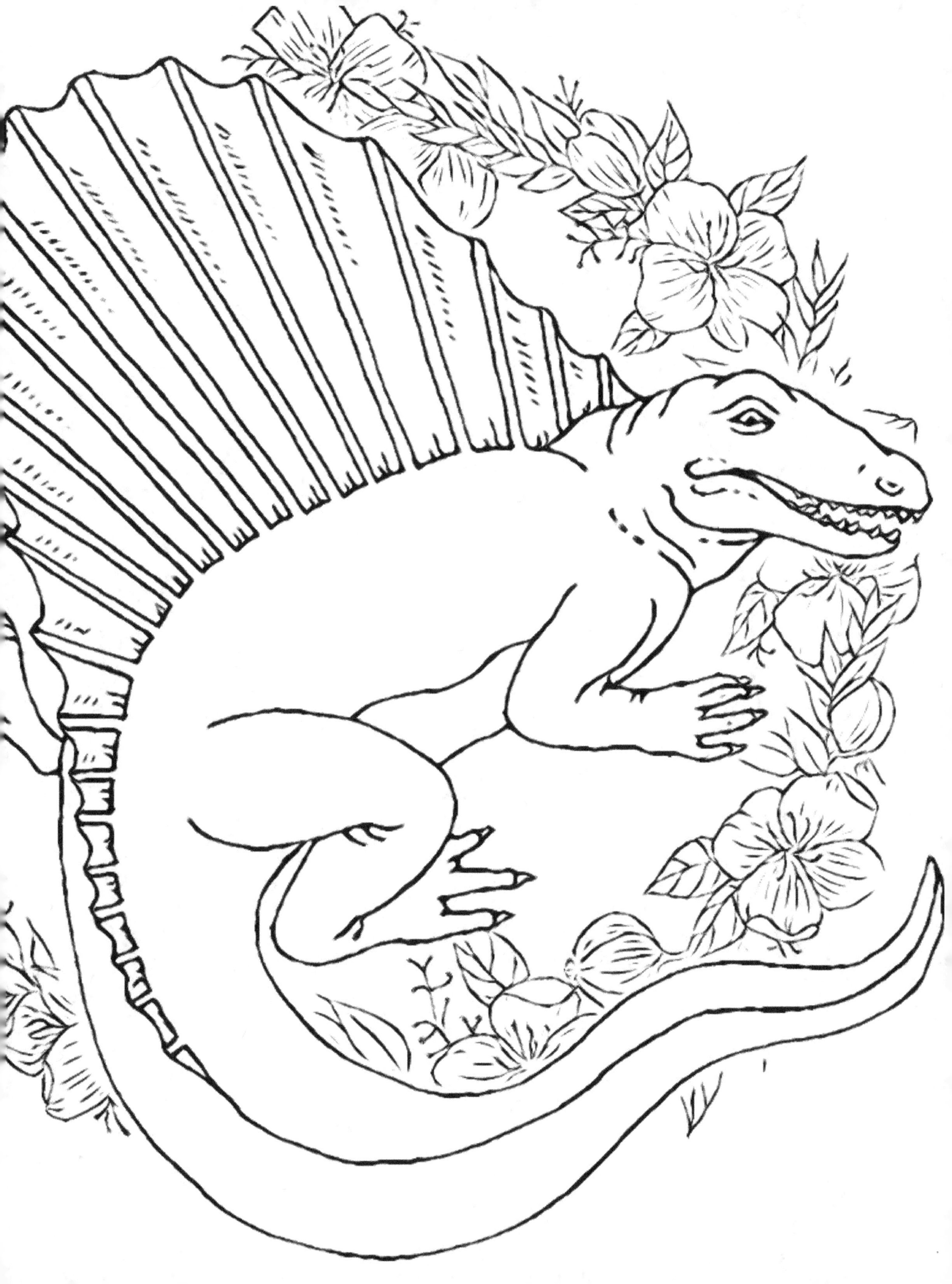

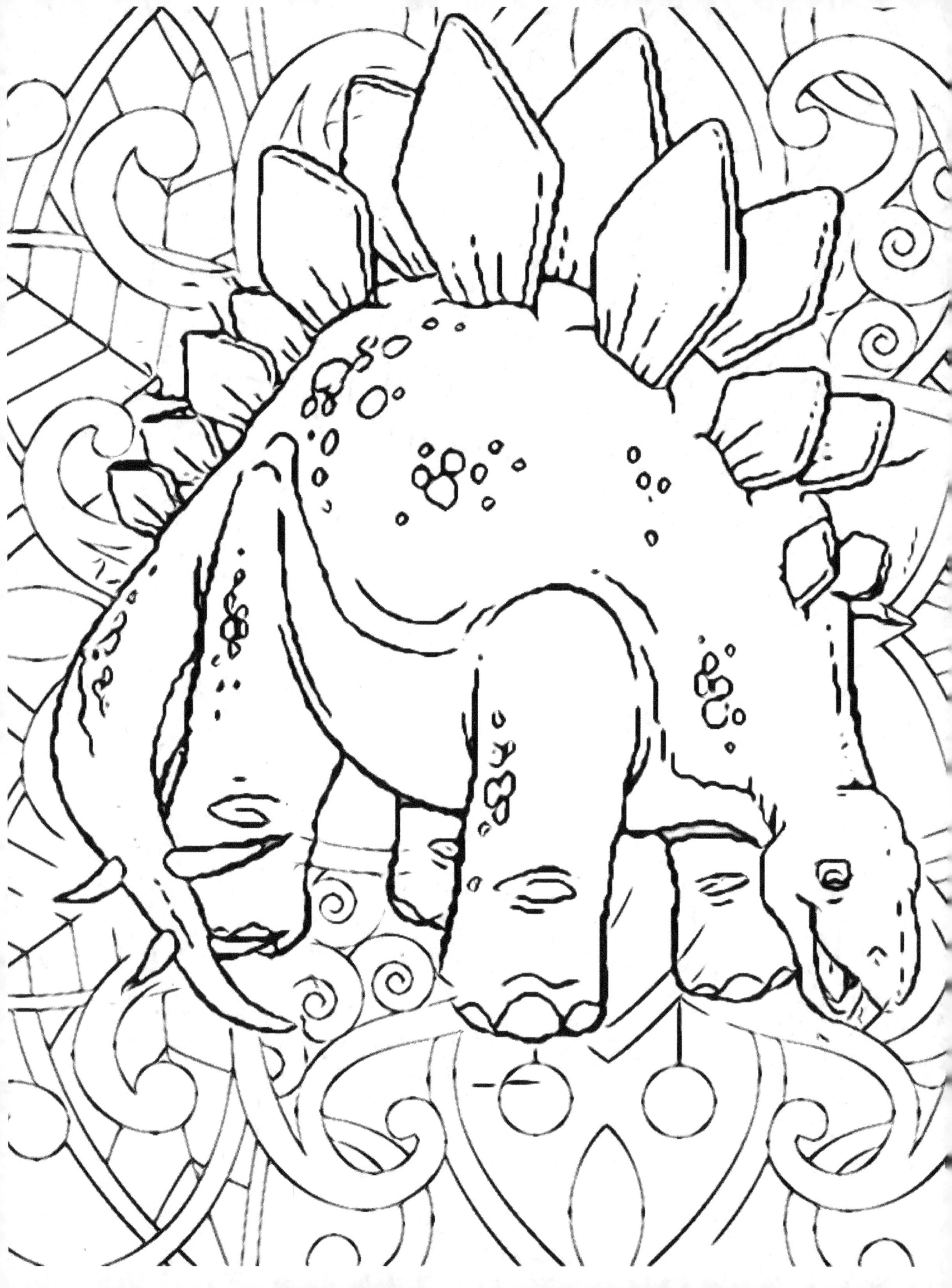

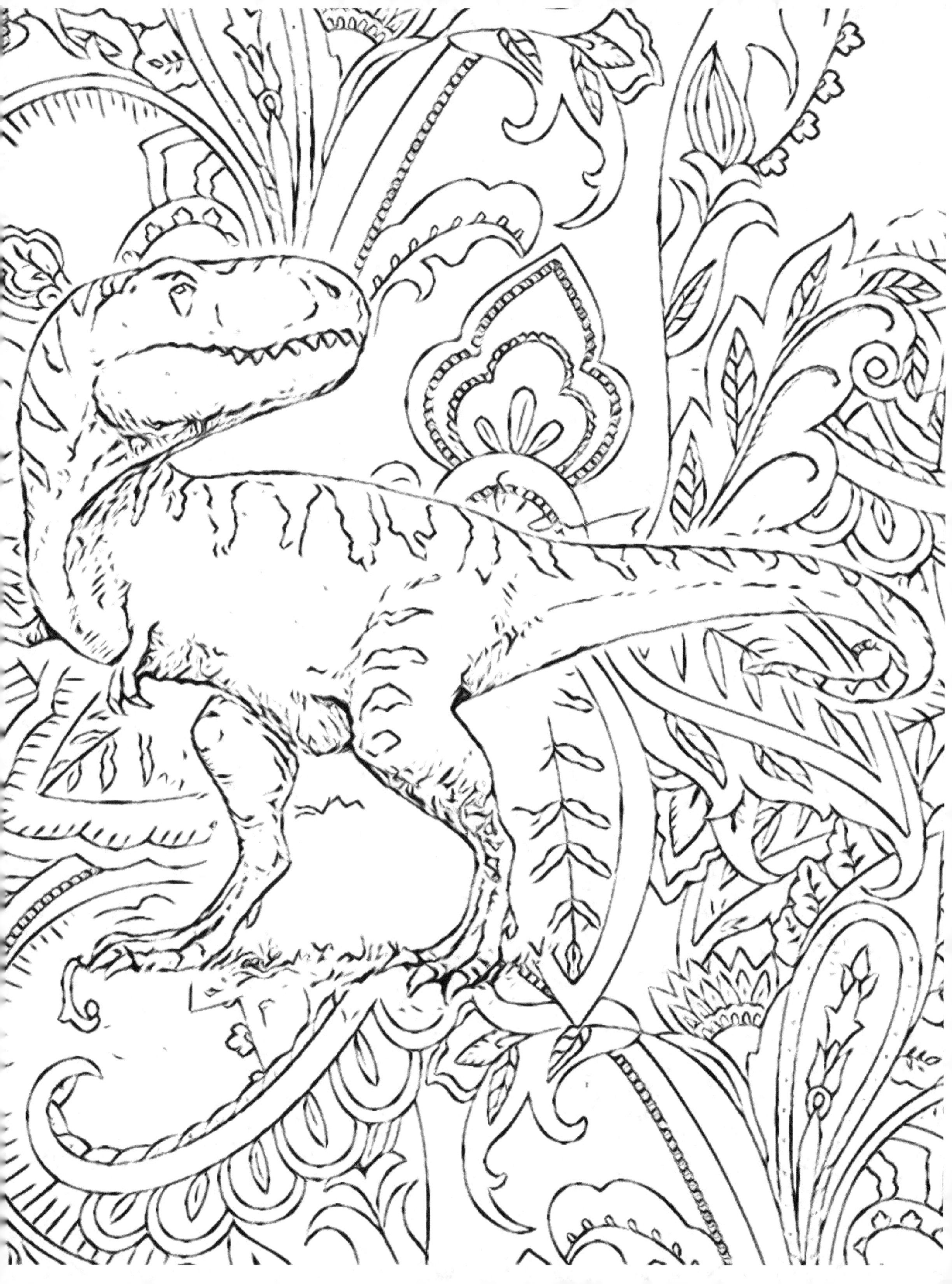

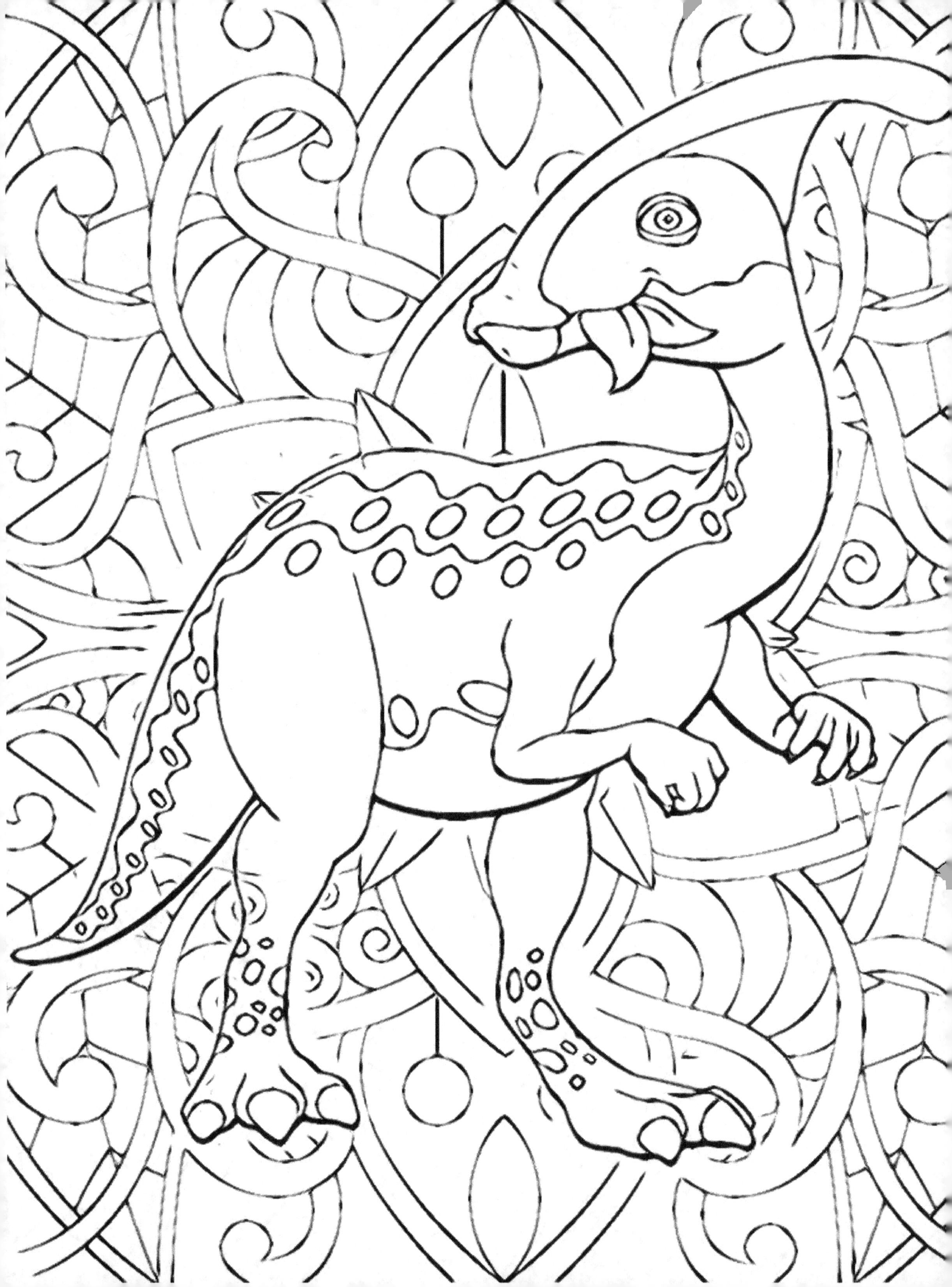

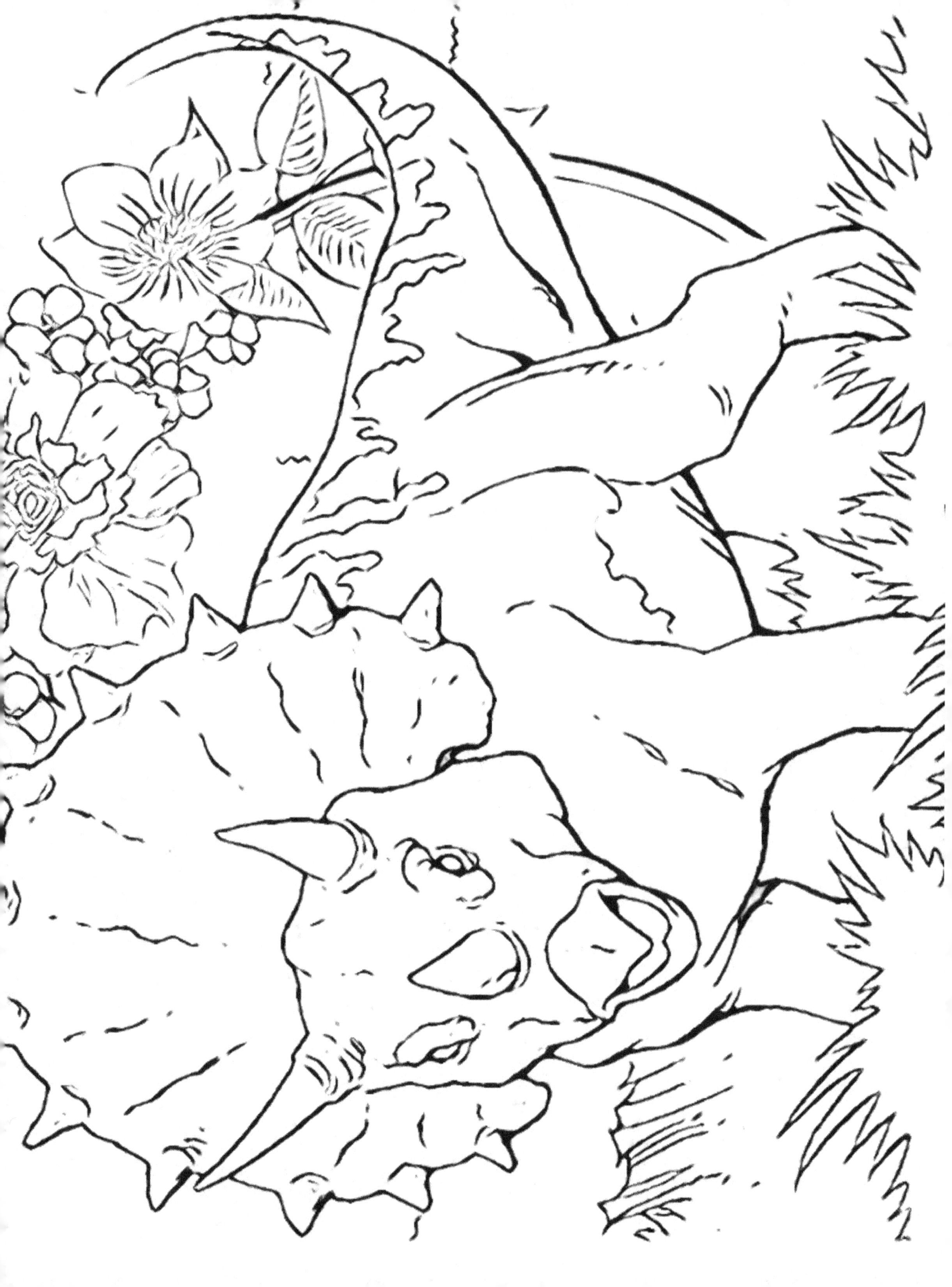

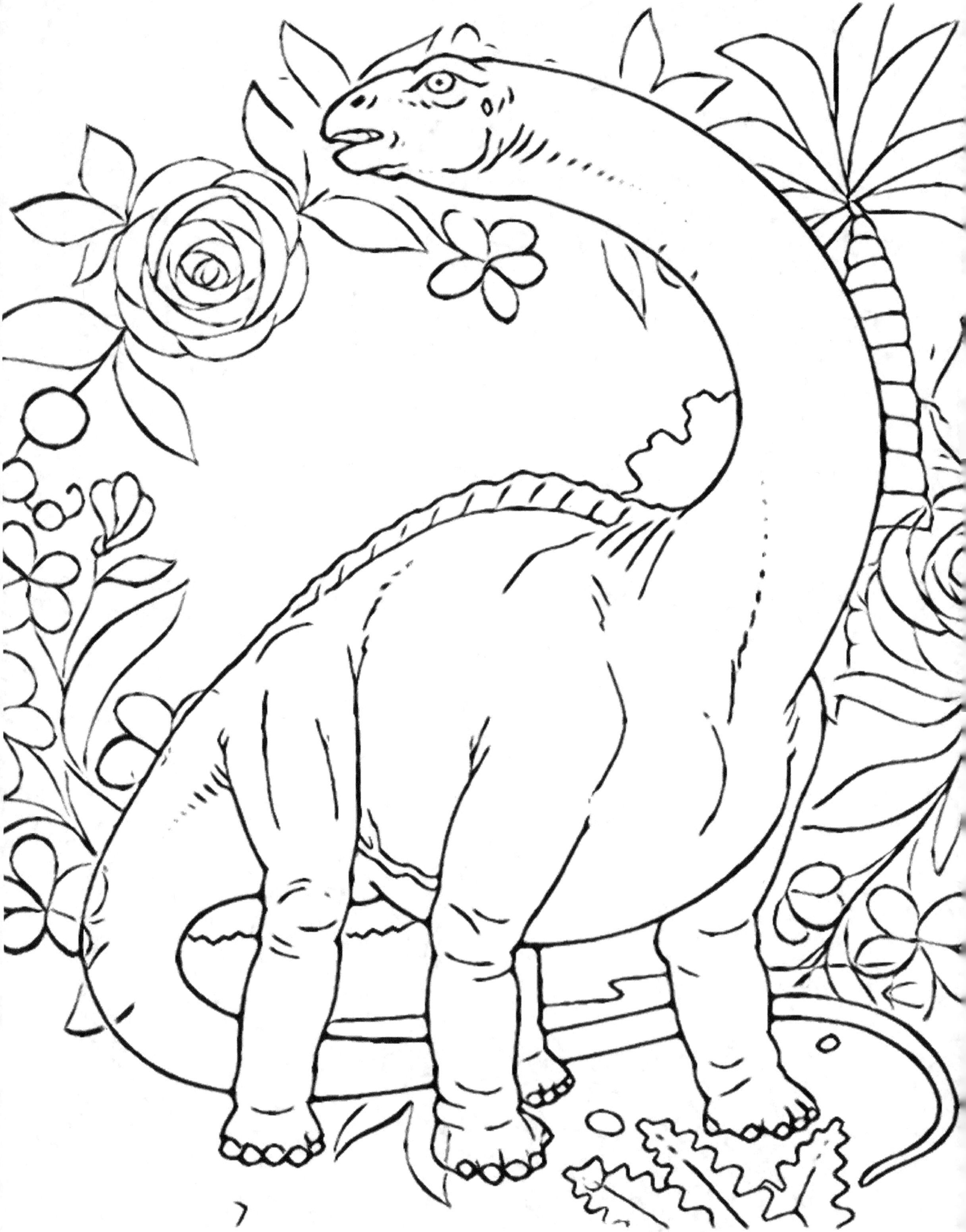

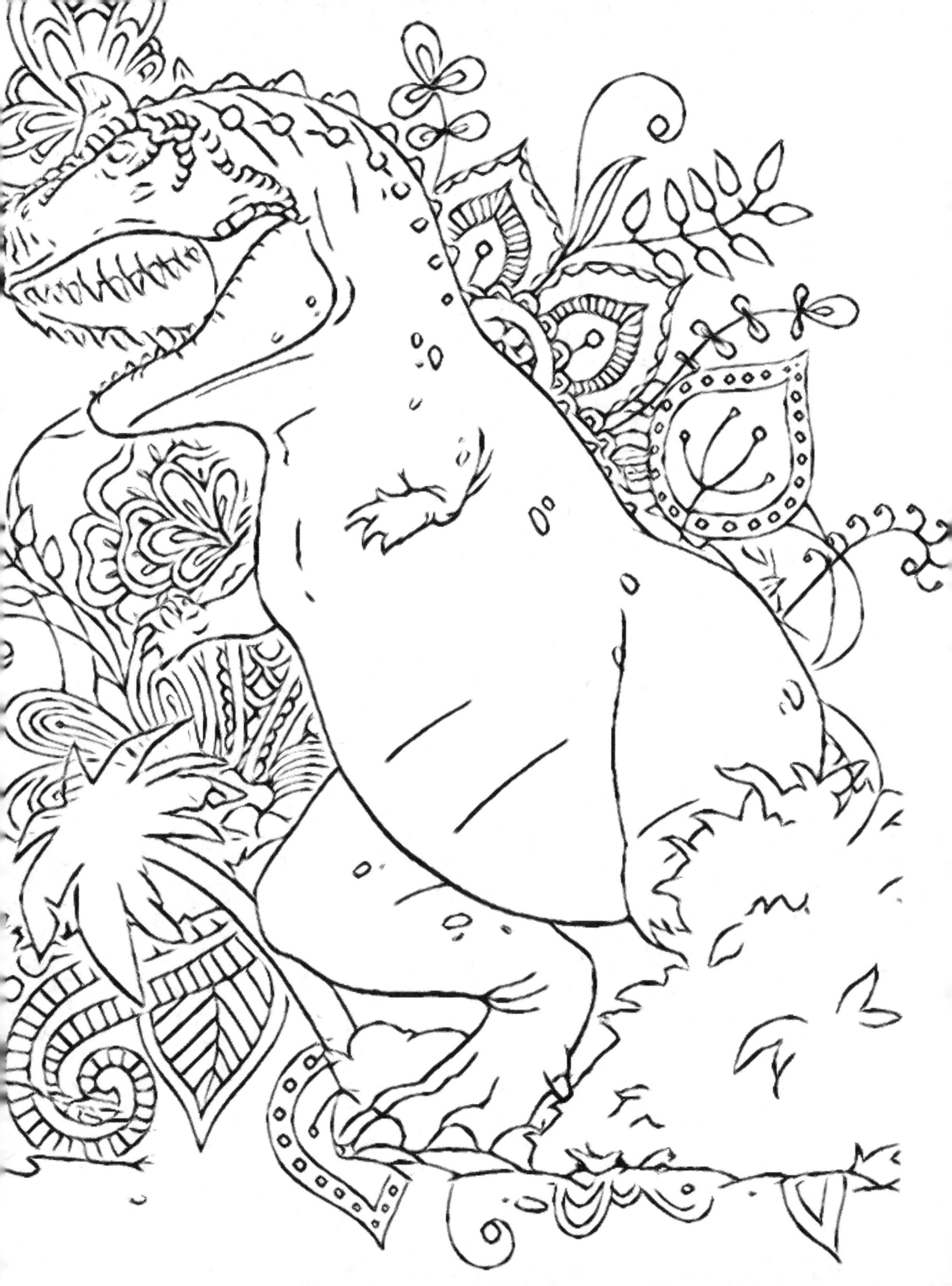

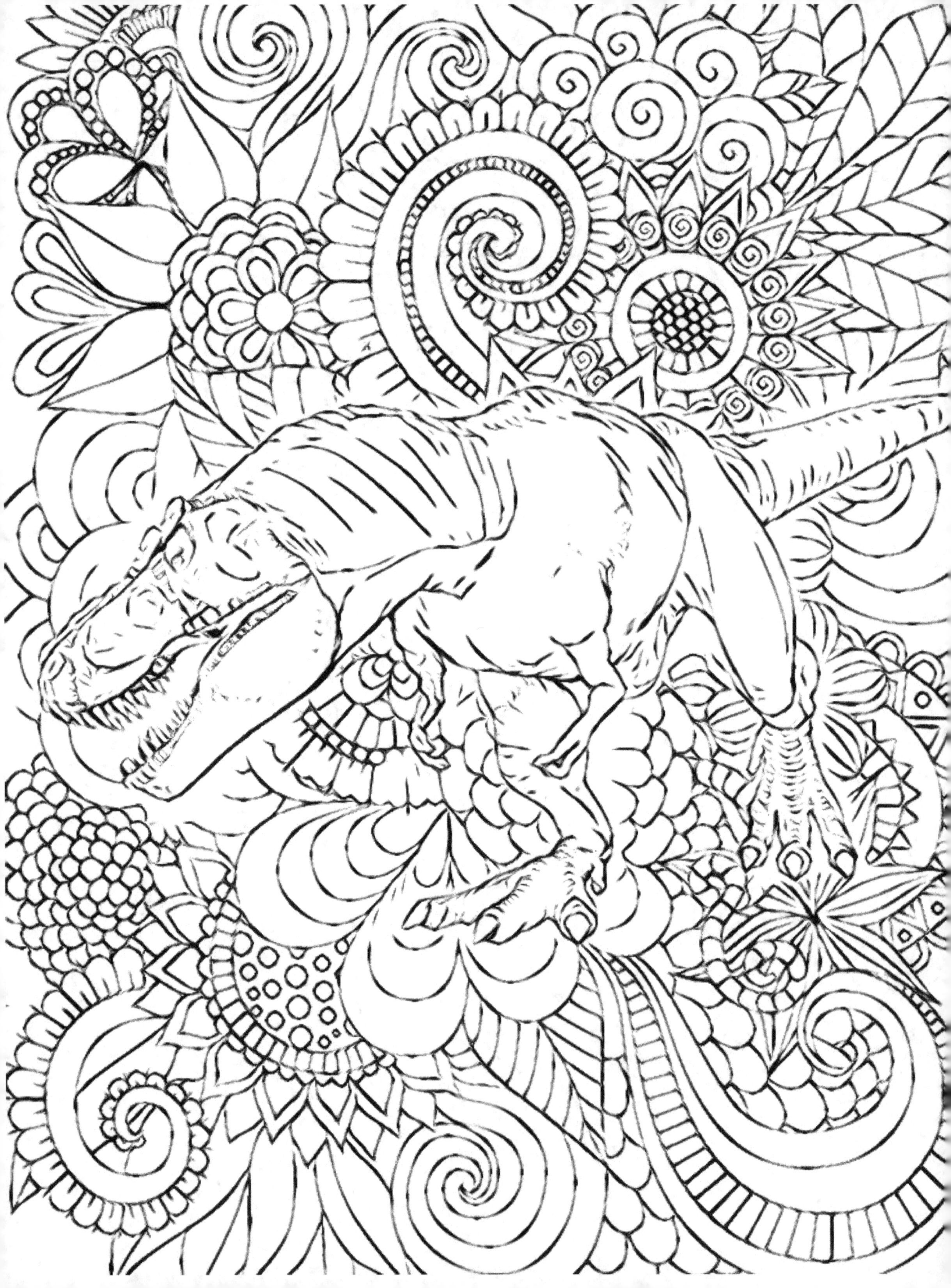

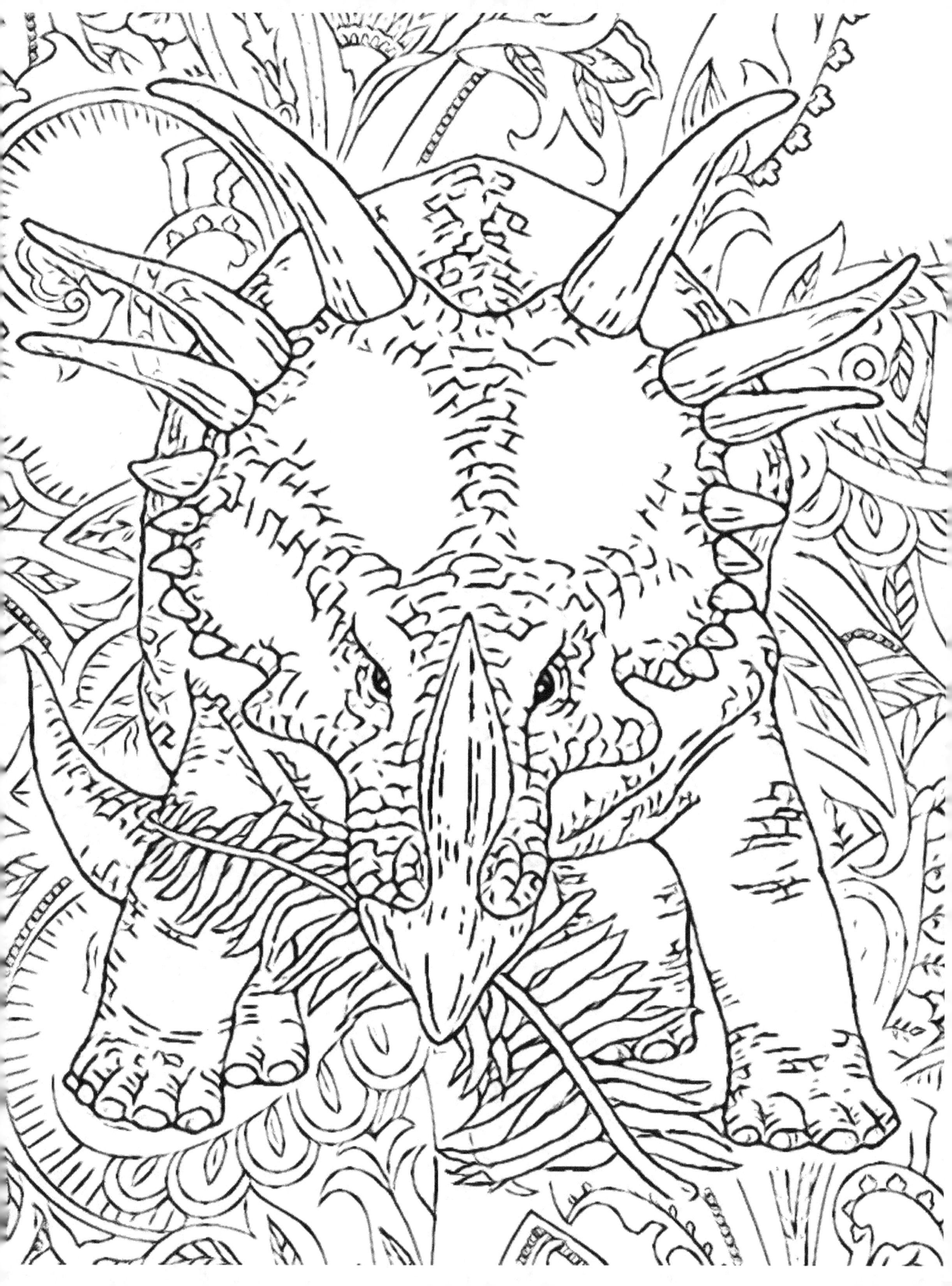

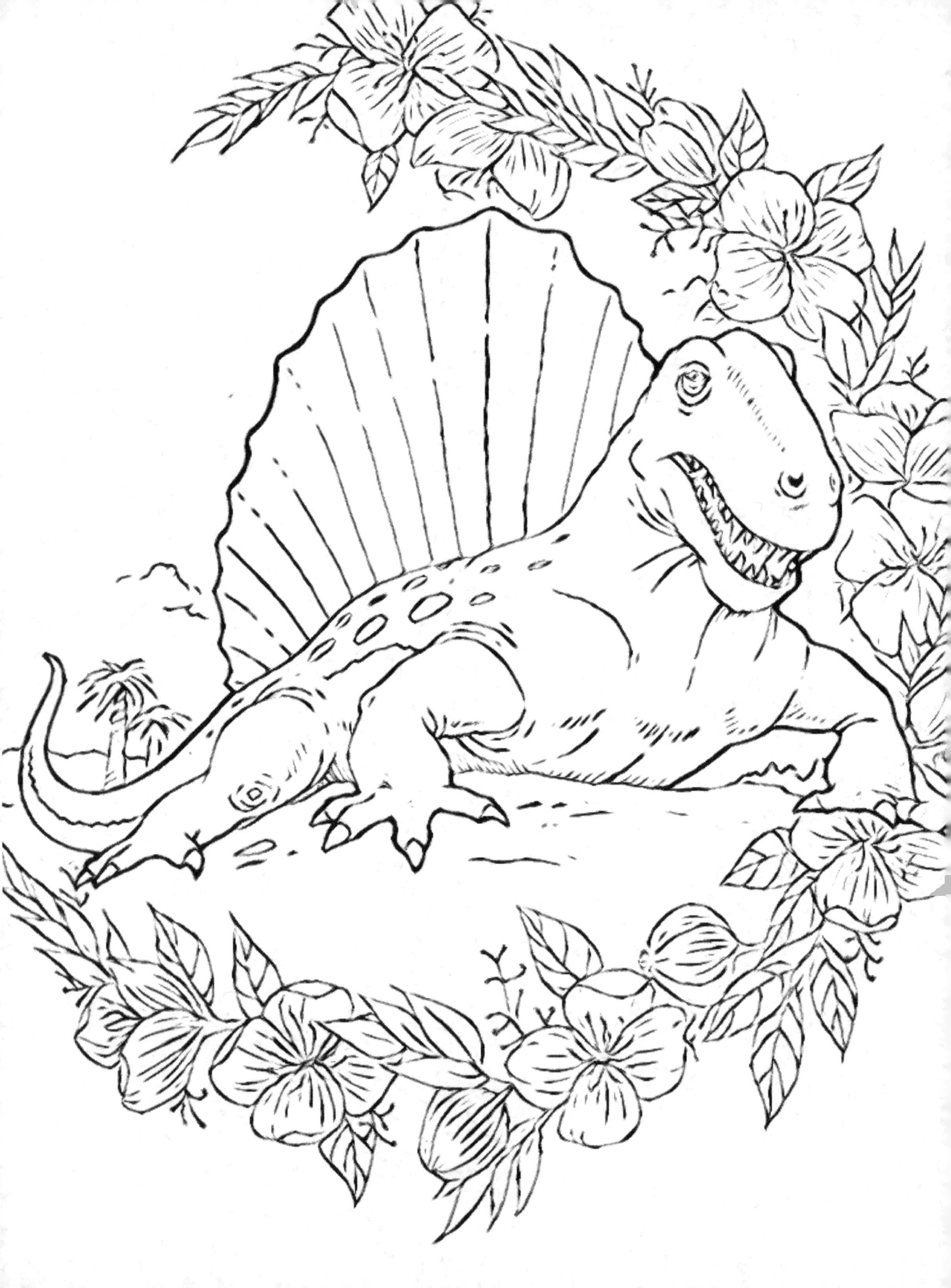

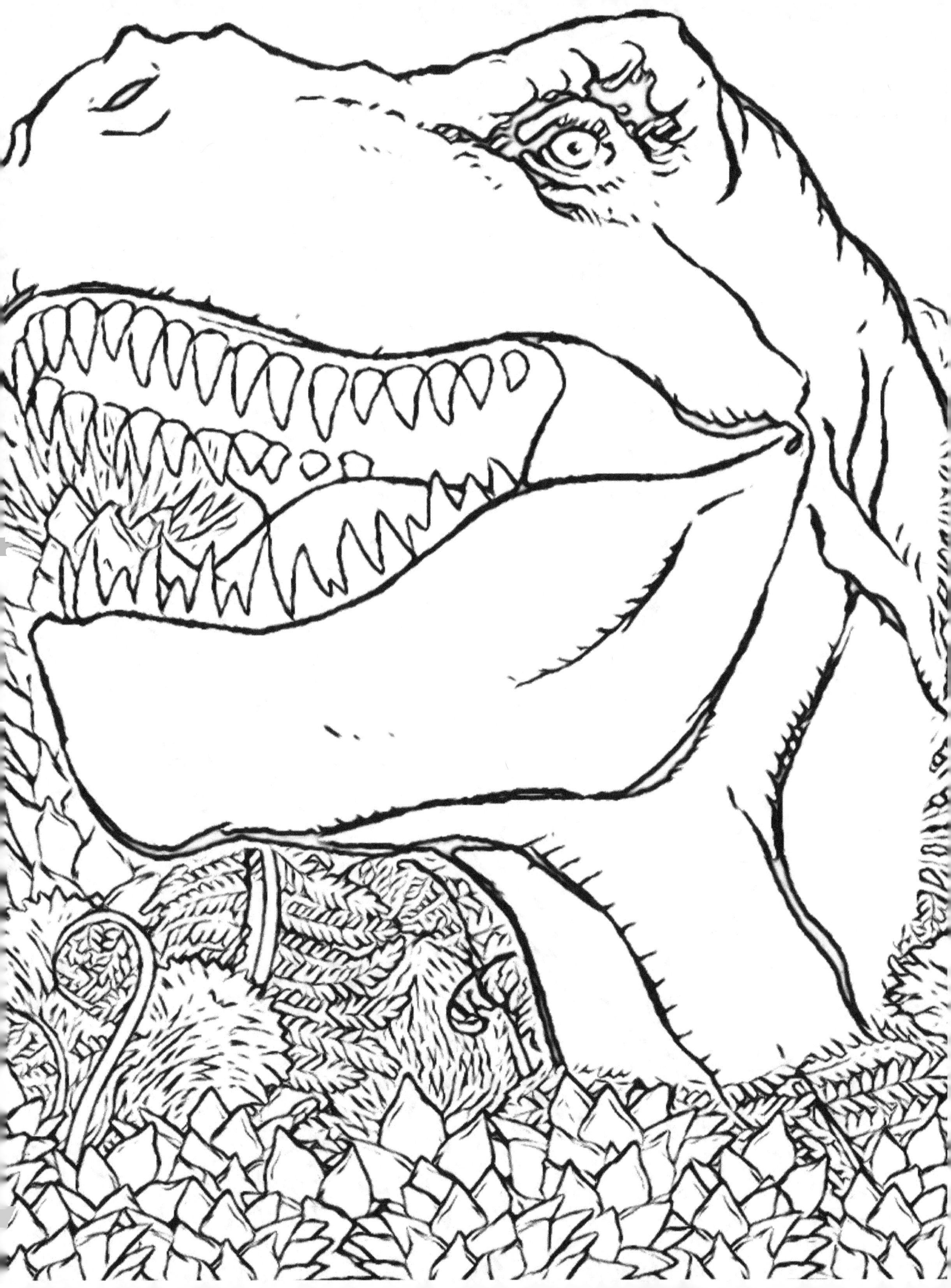

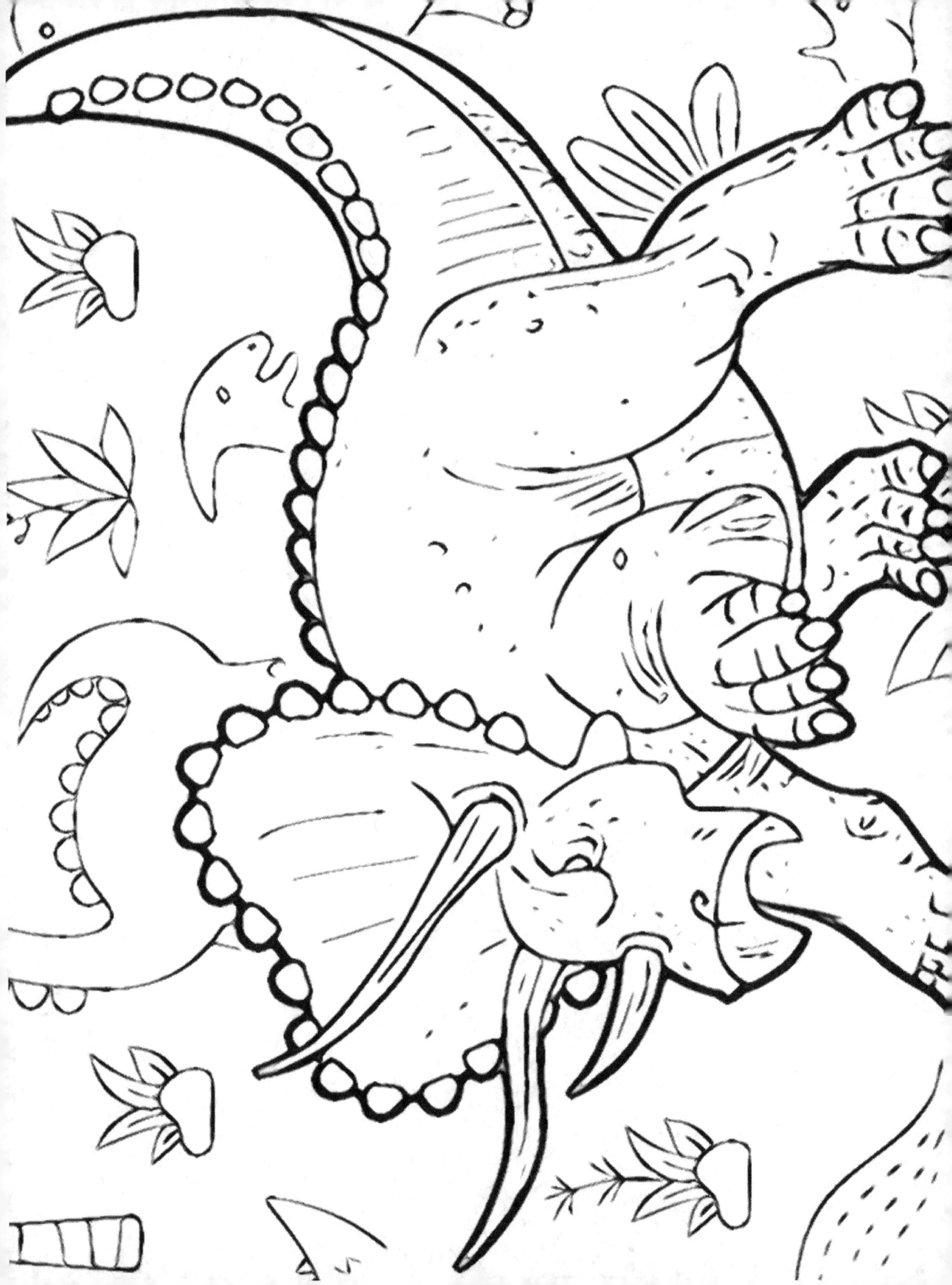

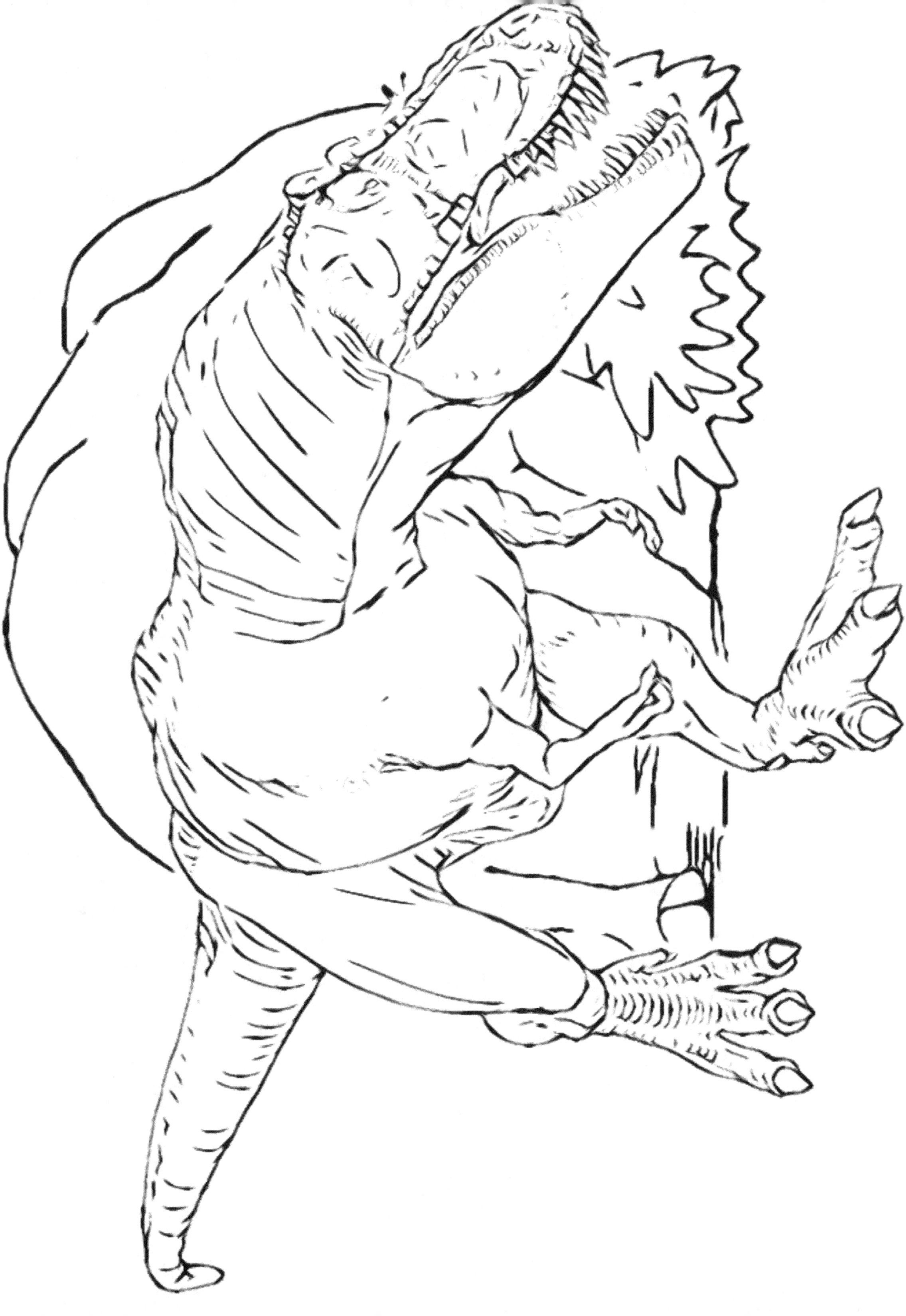

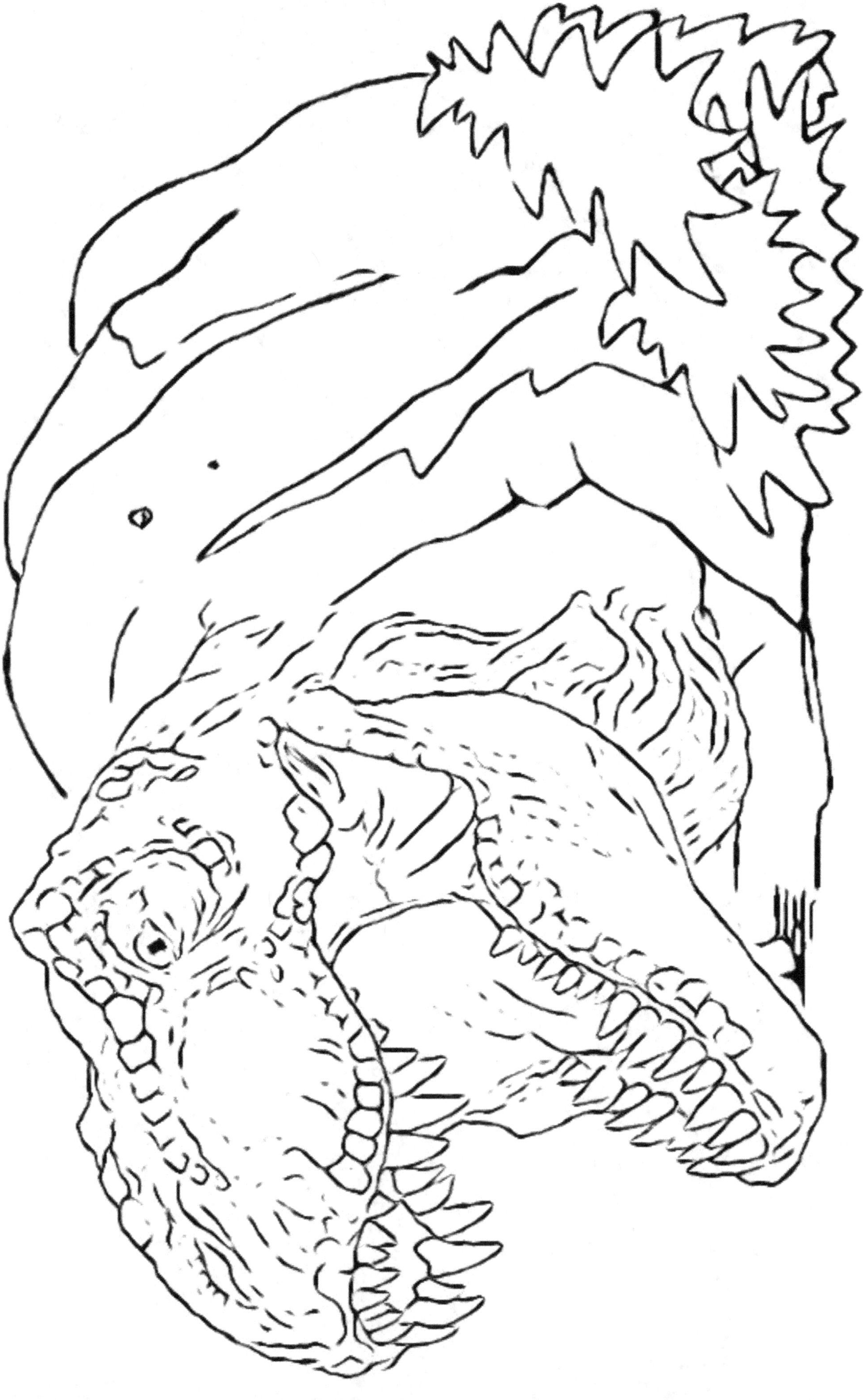

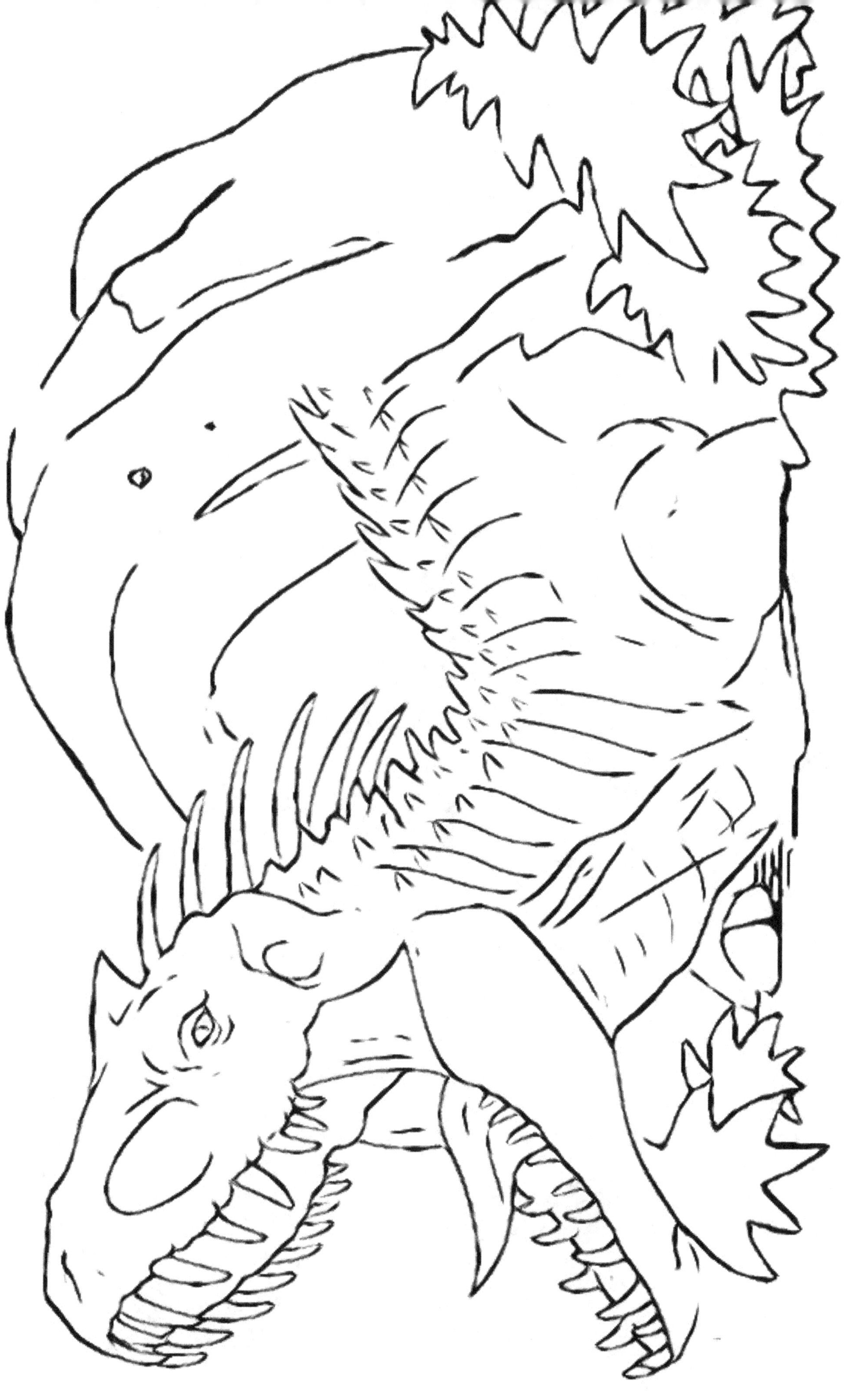

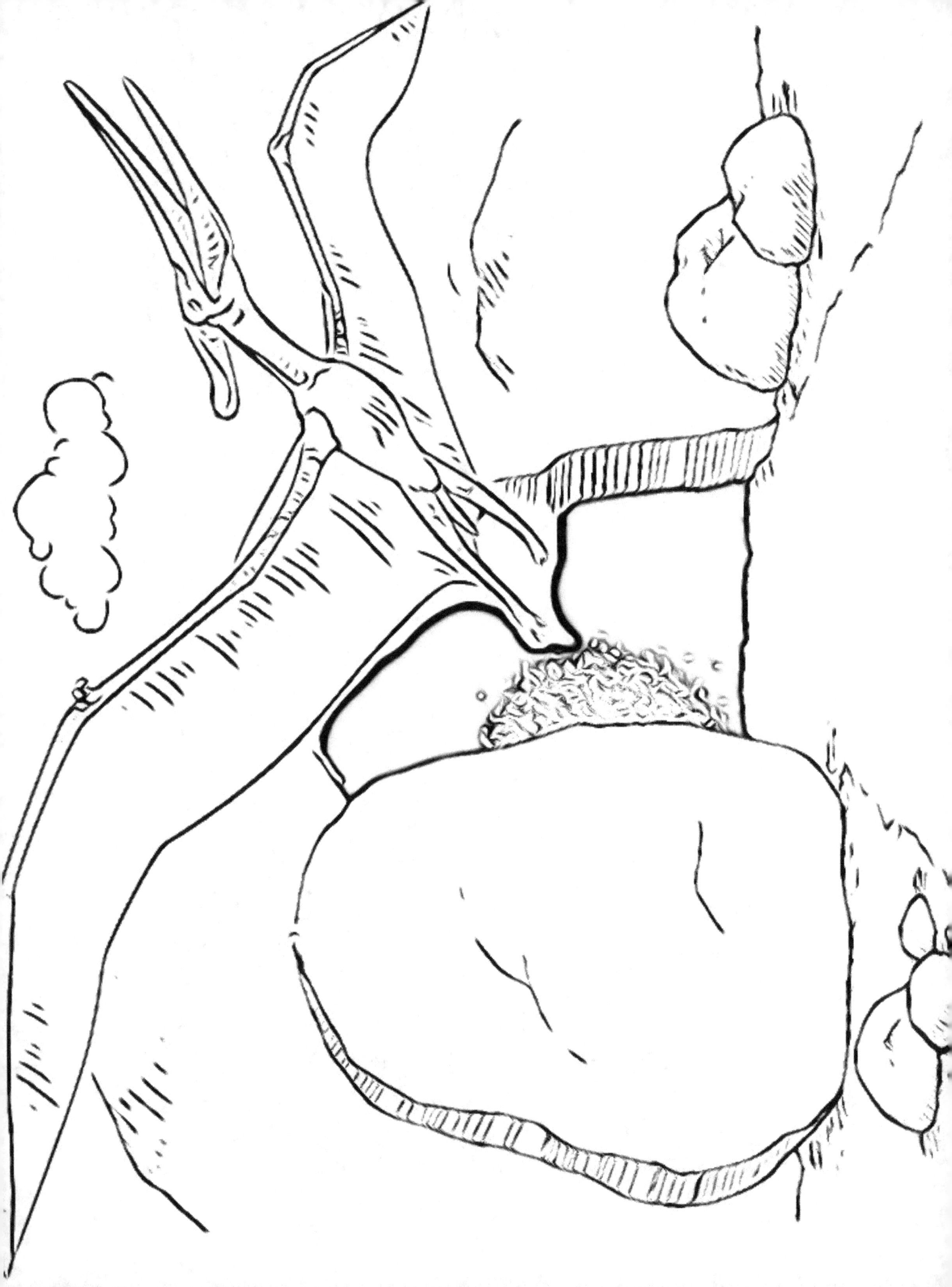

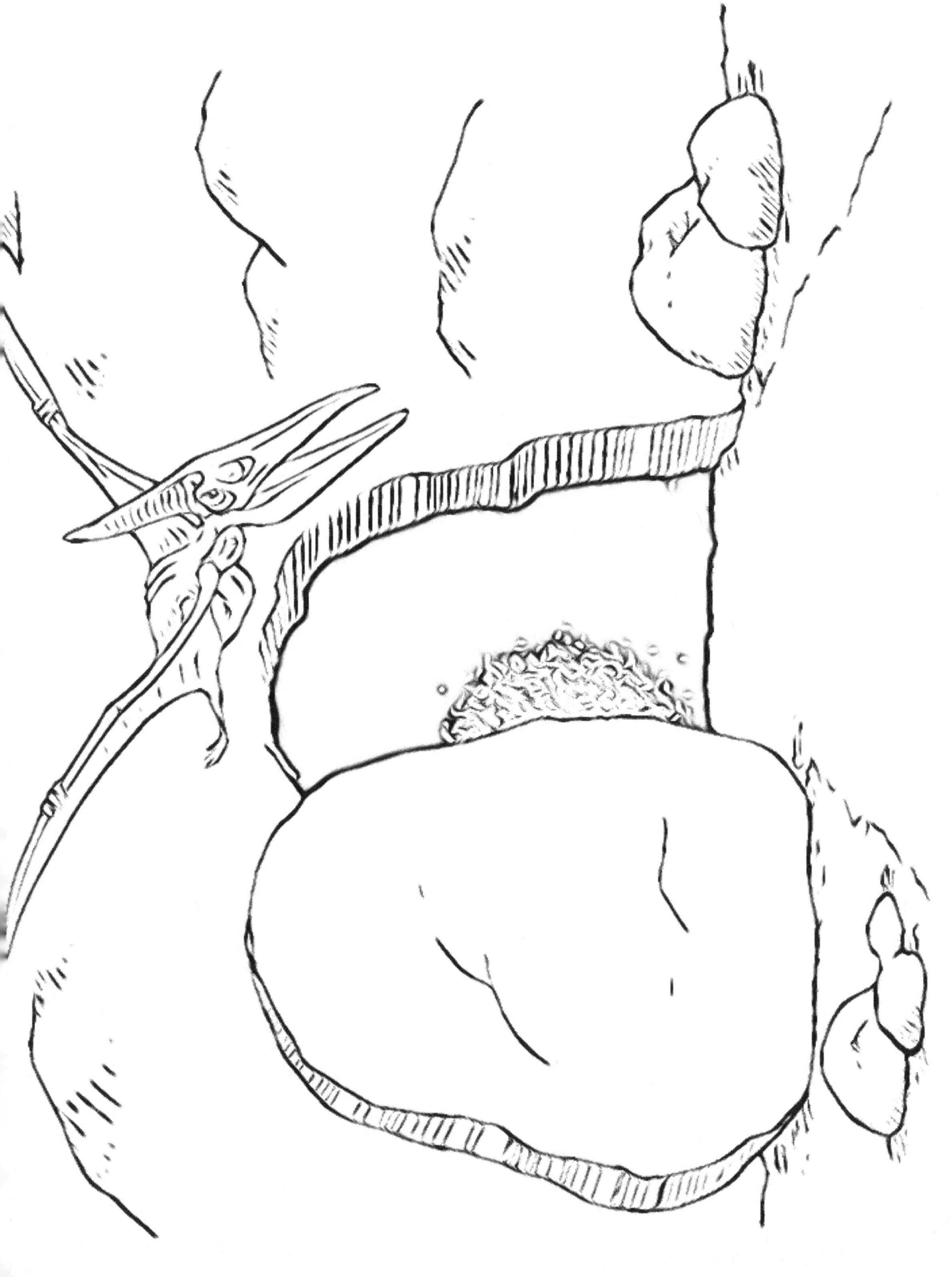

www.ingramcontent.com/pod-product-compliance
Lightning Source LLC
Chambersburg PA
CBHW082021230526
45466CB00022B/2928
* 9 7 8 1 6 7 8 1 2 1 0 0 6 *